이재명의 시간

이재명의 시간
국민도구 이재명에 관한 기록

초판 3쇄	인쇄일 2025년 9월 5일
초판 3쇄	발행일 2025년 9월 12일

저자	천준호
펴낸이	장성순
책임편집	안지윤
편집	이소정·정선영·박서온
사진	윤여민·위성환·연합뉴스·뉴스1
디자인	책은우주다
마케팅	진병훈
펴낸 곳	해피스토리

주소	서울특별시 마포구 월드컵북로207, 근녕빌딩 302호
전화	02-730-8337 / 팩스 02-730-8332 / 이메일 happistory12@naver.com
출판등록	2006년 12월 6일 제300-2006-174호
홈페이지	http://www.happistory.com

당신의 이야기가 곧 역사입니다.

- 값은 뒤표지에 있습니다.
- 잘못된 책은 바꾸어 드립니다.

국민도구 이재명에 관한 기록

천준호

이재명의 시간

프롤로그

지금은
이재명의 시간입니다

지금은 대한민국 제21대 대통령이 되신 이재명 대통령과 저는 지난 3년 동안 가까이서 함께 했습니다. 이재명은 제가 국회의원이 된 이후 가장 식사를 많이 한 사람입니다. 가장 많은 시간을 같은 공간에서 함께 한 사람이기도 하지요. 돌아보니 그 기간 동안 제 가족보다도 더 많은 시간을 함께 보냈더군요.

미루어 짐작하건대 그 시간은 이재명에게는 가장 고통스러운 시간이었을 것 같습니다. 당신은 아니라고 할 수도 있을 것입니다. 앞선 삶도 그리 순탄치만은 않았기 때문입니다. 다만 옆에서 지켜봐 온 제 입장에서는 그 3년이라는 시간은 그 어떤 시간보다 더 고통스러웠을 것 같습니다.

무엇보다 검찰공화국이 된 국가권력과 상대해야 했습니다. 그 국가권력이 악마화한 이재명을 혐오하는 거대한 세력에 맞서 이겨내야 했습니다. 시련과 인내의 시간이었을 것입니다.

반대로 저는 운이 좋은 사람이었습니다.
이재명을 지켜볼 수 있었다는 것. 고난과 역경을 견디는 한 사람을 지켜보면서, 함께 그 길 위에 서서 같은 방향을 보고 걸었다는 것. 그 모진 시간 속에서도 지도자로서의 품위와 책임을 잃지 않고 여러 난제들을 해결해 가는 모습을 보면서 제 인생의 그 어떤 때보다 큰 공부를 할 수 있었습니다.

그 시간과 기억, 경험을 거칠게라도 기록해서 남겨두는 것이야말로 제게 주어진 의무라고 생각했습니다. 한국 정치사에서 매우 중요한 한 장면이 될 수도 있고, 우리 국민의 삶에 큰 영향을 주는 순간일 수도 있기 때문입니다. 그래서 한 사람이라도 더 이 책을 읽고 이재명을 바로 알 수 있도록 읽기 쉽게 정리하려고 노력했습니다.

국민은 이재명 대통령이 위기를 극복하고 문제를 해결하는 대통령, 성과를 만들어내는 대통령이 되어주길 기대하고 있습니다. 이재명은 대통령이 되는 것으로 정치적 성취가 완성되는 것이 아니라 국정운영의 성과를 창출해서 국민에게 실적을 입증해야 할 운명을 갖고 탄생한 대통령입니다.

가혹하고 힘들 것입니다. 그러나 국민적 기대에 부응하지 않을 수 없습니다. 이재명은 스스로 연마하고 때로 단련하면서 그런 준비를 해온 사람입니다. 앞으로 5년 죽을 힘을 다해 국민을 위해 일할 자세와 능력을 갖춘 공직자입니다.

 반면 국민의 입장에서는 그런 운명을 타고난 이재명을 잘 써서 국민이 원하는 것을 해결하는 도구로 활용하면 될 것입니다. 대한민국 국민들은 이재명을 선출함으로써 역대 대통령 가운데 가장 유용한 일꾼을 얻게 되었다고 저는 믿습니다.

 그런 과정에 방해되는 것이 있다면 그것은 이재명에 대한 여러 선입견, 편견과 불편한 생각들일 것입니다. 이는 오랜 시간 동안 검찰 또는 국민의힘을 비롯한 극우세력들이 이재명에게 덧 씌어온 지속적인 악마화의 결과물일 것입니다. 따라서 그 생각이 쉽게 바뀌지 않을 수도 있습니다.

 그러나 지금 우리 국민이 가장 먼저 생각해야 할 것은, 대한민국이 계엄과 내란으로 심화된 위기를 극복하고 직면한 문제를 해결하는 것이 우선이라는 사실입니다. 이 거

대한 과제 앞에서 이재명에 대한 선입견, 편견, 혐오, 억측, 가짜뉴스… 이런 것들은 이제 내려놓아야 합니다.

이 책은 이재명을 이해하는 데 걸림돌이 되었던 몇 가지를 제거하는 것에 도움이 되길 바라는 마음에서 썼습니다. 이 책이 이재명이 대통령인 나라에 살면서 이재명에 대해 선입견을 갖고 있거나 그런 경계에 있는 사람들에게 소화제가 될 수 있기를 기대합니다. 동시에 이 책을 통해 이재명을 어떻게 더 잘 활용할지 힌트를 얻는 기회가 되길 바라는 마음입니다. 이 책이 나오기까지 많은 도움을 주신 출판사와 이소정·정선영 작가, 그리고 의원실 보좌진 여러분께 감사의 인사를 드립니다.

지금은 이재명의 시간입니다.
이재명에게 시간을 주어야 합니다. 과제를 주어야 합니다. 제대로 일할 수 있는 조건을 만들어 주고 도와줘야 합니다.
취임 당일, 비상경제점검 TF 회의에서 "우리가 쓰는 1시간은 5,200만 시간의 가치가 있다."고 말한 이재명 대통령. 오늘도 밤낮을 잊은 채 달리고 있는 대통령 이재명과 위대한 대한국민의 성공을 간절히 바랍니다.

2025년 7월 천준호

프롤로그 지금은 이재명의 시간입니다   4

제1부 치열한 고통의 시간이 강한 지도자를 만든다

하나	반전의 시간, 상대원시장 연설	15
둘	이재명의 의사결정 과정	28
셋	그가 갑자기 손을?	38
넷	검찰공화국의 표적이 되다	44
다섯	이재명은 어떻게 악마화되었나?	54
여섯	'공소권 없음'을 생각하다	66
일곱	당대표를 팔아넘기다	72
여덟	이재명의 사즉생	79
아홉	사선을 넘어 돌아오다	90
열	암살 테러, 왜 재수사해야 하나?	100
열하나	이제는 말할 수 있다	112

제2부 절체절명의 시간에 국민에게 손을 내밀다

열둘	이재명의 용인술	121
열셋	12·3 내란의 밤과 계엄 해제	128
열넷	계엄의 시그널	138
열다섯	그날, 이재명의 판단	149

제3부 무거운 시간을 유쾌하게 버텨낸 명랑한 이재명

열여섯	반전의 매력, 명랑한 이재명	161
열일곱	조기대선, 중도 실용으로 승부	167
열여덟	선거의 흐름을 바꾼 기자회견	173
열아홉	닮은 듯 다르다, 노무현과 이재명	179
스물	이재명 정부의 성공을 예감하는 이유	184
스물하나	이재명의 숙명	192

에필로그 시련은 사람을 어떻게 성장시키는가   198

제1부

치열한 고통의 시간이
강한 지도자를 만든다

| 하나 |

반전의 시간,
상대원시장 연설

이재명 대통령과 저의 인연은 그다지 오래되진 않았습니다. 처음으로 함께 일을 해 본 것은 20대 대통령 후보 시절이었는데, 당시 저는 선거대책위원회의 비서실 부실장 겸 '매타버스' 추진단장을 했습니다. 매타버스는 '매주 타는 민생 버스'의 줄임말입니다. 매타버스는 민생 현장을 다니며 민심을 잘 청취하고 실천하겠다는 이재명 후보의 의지를 담고 전국을 누볐습니다.

매타버스 출정식에서 이재명 대표는 국민을 섬기고 낮

매타버스 첫날(2021. 11. 12)
'매타버스'는 3개월 동안 각 지역의 민생 현장을 방문해서 지역 현안을 주제로 한 타운홀미팅과 간담회, 지역공약 발표, 기자회견 등으로 구성해서 진행했다. 특히 버스 내부 스튜디오에 MZ세대를 초청해서 대화하는 '마자요 토크', 차박용 차량으로 캠핑장에서 토크하는 '명심캠핑' 등을 인터넷 라이브로 중계했다.

은 자세로 현장에서 국민의 목소리를 경청하도록 노력하겠다고 했습니다. 특히 지방이란 이유로 차별받고 기회를 잃는 국민의 목소리를 귀담아 듣고 소통하고자 하는 의도라고 했지요.

제가 이재명 대표와 본격적으로 함께 일하기 시작한 것은 이때부터였습니다. 메타버스 추진단장이긴 했지만, 후보와 접촉은 많지 않았습니다. 후보는 주로 밖에서 유권자들을 만나러 돌아다녔고 저는 일정을 기획하고, 현장을 지원하는 역할을 맡았었으니까요.

당시 메타버스는 매우 다양한 프로그램들로 이루어져 있었습니다. 현장을 캠핑장처럼 만들어서 토크를 진행했는데, 예전 어느 방송에서 김제동 씨가 진행했던 '힐링캠프'와 비슷한 스타일의 프로그램이었지요. 광장, 거리, 시장에서 후보가 직접 육성으로 연설하는 장면도 있었습니다.

그중에서도 저에게 가장 인상 깊었던 현장은 성남 상대

원시장이었습니다.

성남은 이재명 개인에게는 정치적 고향과 같은 곳입니다. 자연스럽게 그의 개인사는 물론 성남시장으로 일했을 때의 스토리를 품고 있는 상징적 공간이 많은 곳이기도 하지요. 모란시장, 성남의료원, 오리엔트 시계공장 등이 바로 그러한 곳입니다.

특히 상대원시장은 이재명 후보에게는 가족사와 관련된 매우 특별한 공간이기도 합니다. 이 무렵 후보의 가족사와 관련된 녹취록이 유권자들 사이에서 돌면서 쟁점이 되던 때였지요.

국민의힘 지지자들 일부는 이 녹취록을 조직적으로 유포하고 이재명 후보를 공격하는 소재로 이용했습니다.

이미 이 부분에 대해 이재명 후보의 해명이 있었지만 대선 후보로서 주목도가 높아지면서 다시 한번 하지 않을 수 없었습니다. 뭔가 조치가 필요했던 것이지요. 그래서 저는 상대원시장을 방문하자고 후보에게 제안했습니다.

"저⋯ 후보님, 내일 성남에서 가실 곳이 많습니다만, 제 생각엔 상대원시장을 가시면 어떨까 합니다."

"상대원시장, 거기는 왜요?"

"가시면 과거의 여러 추억이 깃든 곳이니까요. 그곳에서 살아오신 이야기를 진솔하게 하시는 게 어떨까요?"

"상대원시장이라… 좋습니다. 생각만 해도 눈물이 앞을 가리는 곳입니다. 거기로 가죠."

사실 이 제안을 하면서 저도 조금 조심스러웠습니다. 과연 국민들에게 이재명 후보의 가족사에 관한 이야기가 어떻게 받아들여질지 확신할 수 없었으니까요. 하지만 이재명 후보 또한 진솔하게 가족사에 대한 모든 것을 말씀드리고 이해를 구하겠다는 결심이 선 것 같았습니다.

그렇게 해서 저 유명한 '상대원시장 연설'이 탄생한 것입니다.

"여기 많은 분들이 아시겠지만, 여기가 바로 이재명과 그의 가족들이 생계를 유지했던 곳입니다. 1976년 2월 23일 비 내리는 새벽에 저기 구종점 단대 오거리에 내려가지고, 짐

싸들고 여기를 걸어 올라와서 우리가 세 들어 살 집을 갔는데, 우리 성남시민 여러분 기억하시는 것처럼 길이 진창이라서 신발이 자꾸 벗겨지고 걸어 다닐 수가 없는 그런 곳이었습니다."

이렇게 시작하는 상대원시장 연설은 이재명 후보의 개인적 경험, 가족사, 그리고 정치적 신념이 깊이 녹아 있는 감동적인 연설로 지금까지 회자되고 있습니다.

이재명 후보는 이 연설에서 자신의 가족사를 가감 없이 꺼내놓았습니다.

"아버지는 이 시장에서 청소 노동자로 일하셨고, 제 어머니는 이 건물을 다시 짓기 전 2층 건물에, 여기 상대원시장 상인 여러분 기억하시는 것처럼 공중화장실에 소변을 보면 10원, 다른 변을 보면 20원 이렇게 받았는데, 제 어머니 제 여동생이 함께 그 화장실을 지켰습니다. 정말 열심히 살았고 저는 초등학교 마치고 저 상대원 꼭대기에 우리가 살았는데 어머니께서 이 화장실에 출근하시기 전에 제 손을 잡고 공장에 바래다주셨습니다."

그리곤 자신의 형과 갈등을 빚을 수밖에 없었던 사연을 허심탄회하게 털어놓았습니다.

"제 형님께서 시정에 개입을 하셔서 공무원들한테 '이래라, 저래라, 이거 해주라 저거 해주라' 이렇게 할 때 제가 어떻게 해야 되겠습니까? 그냥 좋은 게 좋은 거라고 '형님 뜻대로 하십시오.' 해도 되겠지요. 하지만 결말이 두려웠습니다. 그 결말은 결국 친인척 비리와 그에 따른 망신, 그리고 엄청난 대가를 지불하는 것이겠죠.
그래서 제가 완전히 다 막았습니다. 공무원들이 전화도 못 받게 상대도 하지 말라고 했더니 (형님이) 어머니를 통해서 저와 통화하겠다고 어머니 집을 찾아갔습니다. 어머니가 전화 연결을 안 해줬습니다. 왜 그런지 아니까. (형님이) 그 어머니를 집에 불을 질러 죽인다고 교회에 불을 지른다고 협박을 하니 어머니가 저한테 전화하셨습니다.
그게 시작이었습니다. 어머니가 집에 들어가지 못하셨어

요. 분당에 있는 딸 집으로, 저희 집으로 옮겨 다니셨습니다. 집에도 못 들어가셔서 제 아내가 찾아갔습니다. '병원에 가서 검사 좀 하자. 약 먹으면 아무것도 아니다.' 그런데 거기서 (형님이) '어머니의 어디를 어떻게 한다.' 이런 인간으로서 할 수 없는 참혹한 얘기를 했습니다.

저에게 어머니는 하늘입니다. 저를 낳아주셨고, 저를 길러주셨고, 저를 언제나 믿어줬고 저의 어떤 결정이라도 다 지지해주신 분이십니다. 그 어머니의 어디를 어떻게 하다니! 제가 화가 나서 전화했습니다. 왜 그런 말을 했냐? 어떻게 자식이 부모한테 그럴 수 있냐? 왜 불 지른다고 협박하고 그러냐? 그런데 '이런 철학적인 표현도 이해 못한다'고 저를 조롱했습니다. 그래서 제가 욕했습니다.

제가 욕한 건 잘못했습니다. 공직자로서 욕하지 말고 끝까지 참았어야죠. 잘못했습니다. 그러나 여러분. 결국은 어머니를 폭행해서 병원까지 가셨습니다. 제가 인격이 부족합니다. 그러나 여러분 제가 잘못했습니다. 어머니도 이제 떠나셨습니다. 형님도 이제 떠나셨습니다. 다시는 이런 일이 일어나지 않습니다. 제가 잘못했습니다. 이제 이런 문제로 우리 가족들 아픈 상처 그만 좀 헤집으십시오.

제가 이 말씀은 드릴 수 있습니다. 가족이 공적인 복무에 관여를 하면, 그게 친인척 비리고 친인척의 시정개입이고 결코 해서는 안 될 일입니다. 그래서 그걸 막느라고 벌어진 일입니다.

형님이 저한테 그랬습니다.

'어머니를 때리기 전에 내가 이거 다 녹음해 놨는데 너 나한테 와서 빌고 내가 하라는 대로 하면 이거 녹음 공개 안 하고, 계속 시정에 관여하는 거 전화 안 받고 말 안 들으면 공개하겠다'고 했습니다.

제가 정말 고민했습니다. 그 욕을 하고 녹음 당한 다음에 한 2, 3주 지나서 생각을 해보니까 제가 끔찍한 잘못을 저질렀더군요. 그 녹음을 공개하면 평생 망신일 거라는 생각이 들어서, 제가 형님 요구를 들어드릴까도 잠깐 생각했습니다. 그런데 결론은 내가 비록 나중에 망신을 당하는 일이 있더라도, 평생 이 녹음으로 고생하고, 고통받더라도, 공무에 형님이 개입하는 일을 허용해서는 안 되겠다고 생각했습니다. 그래서 결국은 형님이 공표를 했고, 그게 십수 년 동안 계속 돌아다니면서 지금도 저를 압박합니다. 국민 여러분 잘못했습니다. 앞으로 그러지 않겠습니다."

그의 연설 후반부는 그가 왜 정치를 하는지 진솔하게 보여주었습니다.

"제가 우리 가족, 우리 형제들, 나와 함께 같이 공장에서 일했던 그 수많은 사람들, 어려운 환경에서도 최선을 다해 일하는 그 많은 사람들을 위해서 지금보다 몇 배 수십 배 더 열심히 하겠습니다, 여러분!"

누구에게나 아픈 가족사가 있을진대 이재명 후보의 가족사는 정말 고단하고 고통스러운 것이었습니다. 그런 아픔을 겪은 사람이라면 누구나 감추고 싶고, 그로부터 도망치고 싶은 가족사임이 분명했으니까요. 그럼에도 이재명 후보는 회피하거나 도망치지 않았습니다. 자신의 가족사를 악용한 일부 언론과 상대 진영의 저열한 정치 공세에 맞서 꿋꿋하게 싸워나갔습니다. 결코 무릎 꿇지 않았

상대원시장에서 연설하는 이재명 대선 후보(2022. 1. 24)
이날 이재명 후보의 연설은 매우 인상적이었고 감동적이었다. 그곳에서 어떻게 성장했는지, 부모님들은 어떤 일을 하셨고 가족 사이에 무슨 일이 있었는지 그 과정에서 어떤 거친 말이 오갔는지에 대해 진솔하게 털어놓았다.

습니다.

힘겨운 가족사를 털어놓고 이재명 후보는 회한에 복받친 듯 눈물을 흘렸습니다. 그 눈물에는 그의 참혹했던 가족사와 개인사가 고스란히 담겨 있었으니까요.

상대원시장 연설은 그날 현장에서 보셨던 분들은 물론 유튜브로 보신 분들에게 매우 인상 깊게 각인이 된 것 같습니다. 오죽하면 보수 우파 논객으로 유명한 정규재 전 주필조차 그 영상을 보고 눈물을 흘렸다고 했을까요. 저는 그날 이재명 후보의 바로 옆에서 그의 숨소리와 흐느낌까지 느끼며 들을 수 있었습니다. 그날의 연설이 그분의 삶을 이해하는 데 많은 도움이 되었습니다. 이 영상은 유튜브에 '이재명 상대원시장 연설'이라고 검색하면 바로 나오니 아직 못 보신 분이 있다면 꼭 한 번 시청해 보시기 바랍니다.

이날 상대원시장에서의 진솔한 연설 이후 이재명 후보의 가족사에 대한 문제 제기가 확실히 많이 줄었습니다. 지지자들도 이재명 후보에 대해 훨씬 더 잘 이해하게 된 계기가 되었던 것 같습니다.

하지만 모두 알다시피 20대 대선에서 이재명 후보는 불과 0.73% 차이로 졌습니다. 정말 억울할 정도의 안타까운 석패였지요. 이후 이재명 후보는 지방선거와 함께 열린 재보궐선거에 출마해 국회의원이 되었고 당대표 선거에 나가서 더불어민주당의 당대표가 되었습니다.

| 둘 |

이재명의
의사결정 과정

2022년 8월 당대표 선거 결과 최종 발표 직전 이재명 대표로부터 전화가 왔습니다.

"천 의원님, 저의 비서실장을 맡아주셨으면 합니다."

"예, 알겠습니다."

뜻밖의 제안이었지만 저는 별다른 고민 없이 그 요청을 받아들였습니다. 솔직히 대선 후보였고 당원들의 압도적 지지를 받은 당대표였기 때문에 거절하기도 쉽지 않았습니다.

비서실장이 되자, 이재명 대표는 곧바로 당직자 인선안

을 의논해 왔습니다. 누구는 어떻고, 또 누구는 어떨지 물어봐서 제 의견대로 대답했습니다. 대표 본인의 판단으로 적합한 인물이라고 생각한 분에게는 연락해 보라고 했지요.

그렇게 이재명 대표의 비서실장이란 역할은 제 정치 인생의 한복판으로 성큼 다가왔습니다.

그런데 제가 그런 제안을 받았다고 하자 저보다 오히려 주변 사람들이 걱정을 많이 했습니다. 모두 잘 알다시피 이재명 대표가 워낙 검찰의 표적 수사 대상이 되어서 본인은 물론 주변 사람들까지 고초를 겪는 일이 많았으니까요. 친한 동료 의원이 저를 걱정했습니다.

"천 의원, 괜찮겠어요?"

"괜찮지 않을 일이 뭐 있겠습니까?"

"아시다시피, 지금 대표님이 검찰의 사냥감이 돼 있는 상태잖아요. 게다가 그자들이 어디 당사자 본인만 괴롭힙니까? 주변 사람들까지 탈탈 털어서 없는 죄도 만들어 내잖아요."

"제가 지은 죄가 없는데 무슨 일이 있겠습니까."

하지만 아직 닥치지도 않은 일에 지레 겁을 먹고 피한다면 누가 당대표의 비서실장을 하겠어요. 만일 검찰이 또 그렇게 이재명 대표를 표적으로 삼아서 괴롭힌다면 저라도 나서서 지키고 견뎌야 한다는 생각도 있었기 때문에 그 부분은 크게 개의치 않았습니다. 그렇게 해서 2022년 8월 28일 저는 이재명 대표의 비서실장이 됐습니다.

비서실장으로서 누구보다 가까이에서 지켜본 이재명 대표는 사람들이 생각했던 기존의 이미지와 달랐습니다. 많은 사람들이 이재명은 추진력이 굉장히 강하고 세다는 이미지를 갖고 있습니다. 그러다보니 '의사결정을 독단적으로 하고 일을 힘으로 밀어붙일 것 같다'는 선입견을 갖고 있는 사람들이 많았습니다. 저 역시 그런 사람 중의 한 명이었습니다.

하지만 그와 함께 일하면서 그러한 선입견이 깨졌습니다. 제가 옆에서 본 이재명 대표는 매우 소통 지향적인 사람입니다. 세 가지 측면에서 그렇습니다.

첫째, 의사결정 방식으로 정보공유와 토론을 선호합니다.

어떤 일을 두고 의사결정을 해야 할 때 본인이 독단적으로 밀어붙이는 것이 아니라 의사결정 과정에서 정보를 공유하고 논의 과정을 반드시 거치려고 합니다. 덕분에 최고위원회 회의 시간이 길어지는 경우가 많았습니다. 최고위원회가 열리는 월수금은 아침부터 오찬 시간까지 다른 일정을 잡지 않고 시간을 비워두었다가 오찬 시간까지 회의를 이어가기도 했습니다. 필요하면 일요일 오후 모처에 모여 3~4시간을 넘게 토론한 경우도 많았습니다. 때로는 지도부뿐만 아니라 해당 안건과 관계된 사람들도 참여시켜 함께 토론했습니다.

이재명 지도부가 당을 일사불란하게 움직일 수 있었던 것은 제왕적 리더십 때문이 아니라 이런 정보 공유와 많은 논의 시간이 바탕이 되었기 때문에 가능한 것이었지요.

둘째, 쟁점을 찾아 찬반 토론을 유도합니다.

의견을 묻고 모으는 과정에서 어떤 일정한 방향성이 형성되면 이재명 대표는 오히려 그것과 반대 의견을 낼 것 같은 사람에게 반드시 의견을 물어봅니다. 다른 관점에서 사안을 바라보고 점검하기 위해서지요. 그런 과정을 통해 그 사안에 대한 쟁점이 자연스럽게 형성되고 토론을 통해 다시 검증하게 합니다. 더 좋은 의사결정을 위한 과정이라고 볼 수 있습니다.

당의 최고지도부 회의인 최고위원회 회의를 하게 되면 저는 다른 각도에서 소수의견을 내는 경우가 많았습니다. 논의 안건에 대해 제가 의견을 말하지 않고 있으면 이재명 대표는 저에게 꼭 의견을 물어봤습니다. 그래서 의견을 내면 논쟁을 붙이고 토론을 유도했습니다. 그리고 제가 낸 의견을 의제 삼아 논쟁을 이끌고 이리저리 사안을 살펴본 후 안건을 정리하는 경우가 많았습니다. 최고위원 중에는 이재명 대표가 천준호 의견을 너무 많이 반영한다고 불만 아닌 불만을 토로하는 분도 계셨을 정도였습니다.

돌아보면 제가 3년 가까이 비서실장, 전략기획위원장이라는 중요 당직을 하는 동안 이재명 대표는 지도부 회의 구조 안에서 저의 역할을 그렇게 부여하고 활용했던 것 같습니다. 토론 없이 관성적으로 결정을 하거나 한 방향으로 치우치기 쉬운 지도부 회의에 긴장과 반론을 불어 넣는 역할로 저를 배치하고 격려한 것이죠.

셋째, 중요하고 논쟁적인 사안은 여러 번 토론해서 결정합니다.

회의에서 쟁점에 대한 의견이 잘 모아지지 않으면 다음으로 미루게 되는데, 그 시간 동안 주변의 의견도 들어보게 되고 자신의 생각도 정리하고 개별 토론도 하곤 합니다. 그런 숙의 과정을 거치면 아무래도 신중하게 결정하게 되고, 좋은 결정에 이르는 경우가 많지요. 그렇게 수차례 논의해서 결정하게 되면 그 과정에서 충분히 의견을 개진했기 때문에 이견이 있는 이들도 불만이 줄어들게 되고 결정에 대한 별다른 반론 없이 수용성이 높아지게 되는 것을 많이 목격했습니다.

심지어 3개월 이상 논의한 사안도 있었습니다. 민주당은 22대 총선을 앞두고 2023년 하반기부터 비례대표 선출 방식으로 '연동형'이냐 '병립형'이냐를 선택하기 위해 논의를 진행했습니다.

이재명 대표는 민주당 의원들뿐만 아니라 정당, 시민사회, 원로 등 다양한 분들과 만났습니다. 그런데 연동형을 주장하는 그룹과 논의할 때는 병립형의 입장에서 질문을 하고, 병립형을 주장하는 그룹과 논의할 때는 연동형의 입장에서 질문하고 토론했습니다. 당내에서도 '연동형 vs. 병립형'을 두고 난상토론이 여러 차례 진행되었습니다.

논의가 길어지면서 민주당이 딜레마에 빠졌다는 언론의 비판도 있었고, 이재명 대표가 결단을 내리지 못하는 것 아니냐는 진영 내의 걱정도 있었습니다. 하지만 이재명 대표는 흔들림 없이 '민주개혁진영의 최대 승리를 위한 더 나은 방법'을 찾기 위해 숙고를 거듭했습니다. 각각의 주장과 논의를 관찰하고 여론 흐름도 보면서 생각을 하나씩 정리해 갔습니다. 총선이 임박해오면서 최고위원회를 비롯한 당내외 주요 논의 그룹들은 최종 결정을 대표에게 위임할테니 이제 결단하시라는 주문이 나오는 단계까지 이르게 되었습니다.

이제 결론을 내릴 시점이 되었다고 판단한 이재명 대표는 '준연동형 비례대표제' 유지로 입장을 정한 후 광주 5·18민주묘지를 참배하고 나서 전격 발표했습니다. 긴 숙의 과정을 거치며 민주개혁진영 최대 승리를 위한 최선의 대안을 모색했다는 사실과 위성정당 창당의 불가피성을 함께 설명했습니다. 동시에 사과의 메시지를 전하기도 했습니다. 긴 논의 과정은 다행스럽게도 진영 내부의 갈등과 후유증을 완화해주는 자양분이 되었습니다.

'준연동형 비례대표제'를 통해 여러 접전 지역구 선거에서 1:1 구도가 만들어졌습니다. 아울러 민주개혁세력의 비례대표 진출이 확대되었습니다. 22대 총선은 야당이 거둔 가장 큰 승리였습니다.

이재명 대표는 이런 과정을 통해 입장을 결정하고 나면 그 사안에 대해 굉장히 신속하게 일을 추진합니다. 그러면 구성원들 사이에서도 이견과 불만 없이 일이 일사천리로 진행되는 것이지요. 많은 당직자들은 이재명 대표의 이런 의사결정 과정의 효과성과 효율성을 체감했을 것입니다.

결정되기까지의 과정이 다소 느려 보일 수 있지만 한 번 결정이 되면 신속하게 일을 집행하기 때문에 결과적으로는 더 빠르게 진행이 되는 것이지요.

그런데 윤석열 같은 경우 의대 정원 문제를 본인이 독단적으로 결정해 놓고 일방적으로 밀어붙이지 않았습니까. 그 결과 2년이 다 되어가도록 그 문제를 해결하지 못했습니다. 아무것도 해결된 것은 없고 오히려 의료계 붕괴 현상만 심화시켰습니다.

이재명은 윤석열과 정반대의 스타일입니다. 오랜 시간 충분한 토의와 신중한 논의를 거쳐 의사결정을 하고, 결정이 되면 신속하게 추진합니다. 그렇게 이재명 대표를 지켜보며 그가 어떻게 사람들과 소통하고 의사결정을 하는지 저도 배우고 느낀 점이 많았습니다.

더불어민주당 고위전략회의(2024. 11. 11)
이재명 대표의 리더십은 독단이 아닌 정보공유와 토론을 중시하는 방식이다. 쟁점을 찾아 다양한 의견을 유도하고 숙의 과정을 통해 결정의 질과 수용성을 높였고, 이러한 과정 덕분에 결정 후에는 일사천리로 추진되어 효율성과 효과를 모두 경험할 수 있다.

| 셋 |

그가 갑자기 손을?

21대 대선에서 당선되고 난 직후부터 이재명 대통령은 연일 강행군을 이어오고 있습니다. 아마 언론을 통해 모두 보셨을 것입니다. 그야말로 '워커홀릭', 일 중독자시지요. 이런 분 옆에서 3년 동안 일하면서 솔직히 지칠 때도 많았고 그만두고 싶다는 생각도 여러 번 했습니다. 언제 제 임기가 끝날까, 그런 생각을 할 때도 많았지요. 왜냐하면 제가 국회의원이 된 후에 5년 동안 공무로 해외 출장을 한 번도 못 갔을 정도니까요.

▲ 안동에서 열린 수해 대응 현장 최고위(2023. 7. 19) ▼ 대전·충청 타운홀 미팅(2025. 7. 4)

이재명 대통령은 대통령실 안에 앉아서 지시만 하는 스타일이 아니다. 직접 현장에 나가 실무자의 이야기를 경청하고 즉석에서 해결책을 제시한다. 그래서 해당 기관의 저연차 직원이 대통령에게 직접 건의 사항을 전달하고, 일반 국민도 대통령과 현안 관련 토론을 하며 함께 민원에 대한 해법 모색이 가능하다.

어느 날 회의실에 앉아 무심코 옆에 앉은 동료 의원에게 이렇게 말했습니다.

"하아… 내가 명색이 재선의원인데 말이지. 어떻게 해외 출장 한 번을 못 갔어."

그러자 뒷편에서 또 다른 재선의원의 목소리가 들려왔습니다.

"저도 못 갔어요."

돌아보니, 바로 이재명 대표였습니다.

사실 이재명 대통령은 지난 몇 년 동안 시간적인 여유가 없었을 뿐만 아니라 긴장과 스트레스의 나날을 살아야 했습니다. 당대표로 있었던 3년여 동안 정말 별별 일을 다 겪었지요. 일주일에 몇 번씩 출석해야 하는 재판과 테러 위협에까지 시달려야 했습니다. 바로 옆에서 비서실장으로서 매 순간 그런 긴장과 스트레스를 함께 겪다 보니 도망가고 싶다는 생각을 종종 했던 것이 사실입니다. 그저 국회의원으로서 의정 활동만 열심히 하고 싶다는 생각을 한 적도 있었지요.

그래도 돌아보면 그 힘든 여정에서도 보람 있는 일들도 있었습니다. 어느 날 둘이 함께 차를 타고 가는데 갑자기 이재명 대표가 제 손을 잡더군요. 깜짝 놀랐습니다. 순간, 속으로 오만가지 생각이 스쳐 갔습니다.

'이분이 왜 이러시나. 나한테 또 무슨 어려운 숙제를 안겨주려고 이러시나? 혹시 누구한테 무슨 얘기를 들으셨나?'

그런 생각이 들면서 은근히 긴장을 했는데 대표님이 그러시더군요.

"실장님, 옆에 있어 줘서 고마워요."

그 순간, 코끝이 찡해졌습니다. 그리고 속으로 생각했습니다.

'이 분, 지금 정말 힘들구나'

어색한 몸짓이었고, 짧은 말이었지만 자신이 할 수 있는 최대치의 표현을 했다는 것을 알았습니다. 저도 그때 뭔가 멋있는 말로 응대했어야 했는데, 별말없이 그냥 자동차 앞유리창 쪽을 쳐다보고 있었던 기억이 납니다.

만약 그날이 다시 돌아온다면 '대표님, 잘 견뎌주셔서

감사합니다. 힘내세요.'라는 말을 꼭 전해드리고 싶습니다.

이재명 대통령은 일에 몰두하면 개인으로서의 시간은 잊어버립니다. 그래서 곁에 있는 사람도 덩달아 좀 힘들게 하지만 또 그 노고를 알고 있고 나중에라도 잊지 않고 표현을 하는 스타일입니다.

이재명 대표는 그 모든 고난과 시련을 다 이겨내고 심지어 죽을 고비까지 넘겨 가면서 마침내 대통령으로 당선되셨습니다. 정권을 교체하고 이제 진짜 대한민국을 새롭게 만들어갈 수 있겠다는 생각을 하면 정말 기쁩니다.

그런데 요즘 기쁜 것 이상으로 머리도 맑아지고 상쾌하고 어깨도 가벼워진 것을 느낍니다. 왜 그런지 곰곰이 생각해 보니 이유가 있습니다. 이재명 대표가 대통령이 되셔서 조금 거리를 둘 수 있게 되었기 때문이 아닐까 생각합니다. 오해는 없으시길 바랍니다.

언젠가 이재명 대표 시절에 했던 말이 생각납니다. 어느 날 저에게 그러시더군요.

"나하고 친해져 봐야 좋을 것 하나 없어요."

"네? 그게 무슨 말씀이신지…"

"일만 많아져요."

"하하! 네, 맞습니다."

이제 저도 해외 출장도 가고 휴가철에는 휴가도 가고 싶습니다.

| 넷 |

검찰공화국의
표적이 되다

지난 3년 동안 윤석열 정권을 겪으며 실감하시는 분들도 있겠지만 대한민국은 그동안 '검찰공화국'이나 마찬가지였습니다. 윤석열은 대통령이 된 이후에도 야당을 협치의 대상으로 대하기는커녕 '반(反)국가 세력'으로 매도했죠. 특히 2024년 8월 15일 광복절 경축사에서 야당과 자신을 비판하는 국민을 싸잡아 '반자유 세력, 반통일 세력' 나아가 '반국가 세력'으로 매도했습니다. 그리고 이재명 대표를 마치 그 반국가 세력의 우두머리처럼 대했습니다.

이재명 대표에 대한 윤석열 정부의 탄압은 상상 이상이었습니다. 정권 내내 그야말로 정적 죽이기 대작전을 대대적으로 펼쳐나갔습니다. 대선 후보였던 제1야당 대표를 대상으로 검찰이 소환장을 남발한 것도 우리 사법 역사상 최초의 일이었고, 직전 대선에서 낙선한 대선 후보를 선거법상 허위 사실 공표죄를 들어 기소한 것도 이례적인 일이었습니다. 제1야당 당사를 압수수색 한 것도 최초의 일이었습니다.

당대표가 되고 얼마 되지 않아 검찰에 출석하라는 소환 통보됐다는 걸 알았을 때 깜짝 놀랐습니다. 혹시 비서실에 소환장이 왔는지 찾아봤는데 없었어요. 그 사실을 제가 언론을 통해 알았습니다. 검찰이 언론플레이를 먼저 한 것이지요.

이재명 대표와 관련해 검찰이 그동안 벌인 압수수색만 해도 376회에 달했습니다. 압수수색은 민주당 당사는 물론이고 경기도지사 시절 근무했던 경기도청, 이 대표의 자

야당 대표 첫 검찰 소환조사(2023. 1. 10)
검찰공화국의 민낯. 윤석열 정권 치하 검찰의 야당 대표 이재명 죽이기는 끈질기고 집요했다. 2년 반 동안 검찰 소환 7회, 압수수색 376회, 검찰 기소 6건, 재판 회부 5건 등 세계사에서 유래를 찾아보기 힘든 것이었다.

택 등 전방위적으로 이루어졌습니다.

그래서 검찰 출석을 수시로 해야 했는데 이러한 과정들이 너무 비상식적이었고 모든 것이 사상 초유의 일이었습니다.

검찰의 수사는 정말 가혹했습니다. 국가 공권력이 총동원되다시피 했습니다. 하루도 빠짐없이 이재명 대표에 대한 검찰의 압박과 공격은 다양한 형태로 이루어졌습니다. 심지어 검찰은 경기도지사 시절 법인카드 유용 의혹을 조사한다는 명목으로 경기도청 안에 사무소까지 차려놓고 상주하면서 압수수색 했습니다. 이 또한 사법사상 처음 있는 일이었지요.

오죽하면 김동연 지사가 긴급 기자회견을 열어서 검찰을 비난했겠습니까. 김 지사는 검찰이 해도 너무 한다면서 과잉수사, 괴롭히기 수사, 정치 수사에 강력한 유감과 경고를 표명했습니다.

검찰의 이런 수사 방법은 그야말로 정적을 제거하기 위

한 것으로밖에 해석이 안 되는 통상의 범위와 상식을 벗어난 것이었습니다.

대개 검찰이 누군가에게 어떤 범죄 혐의가 있어 보여서 기소를 하더라도 사건들을 모아서 한 번에 기소를 하거나 추가로 한 번 더 하는 정도입니다.

하지만 이재명 대표에 대해서는 2년 반 동안 6번을 기소했습니다. 이는 세계 사법 역사상 전례를 찾아보기 힘든 일입니다. 끊임없이 뭔가를 새로 찾아내서 기소하고 또 기소하고 그 과정에서 알게 된 별건을 또 만들어서 기소하고 그렇게 이재명 대표를 괴롭혔습니다.

그래서 만일 검찰이 한두 번 정도 기소를 했다면 이재명 대표가 뭔가 잘못을 저지르긴 했나 보다 이렇게 생각했을 수도 있을 것입니다. 하지만 지나치게 거듭 기소를 하자 오히려 사람들이 의문을 가지기 시작했습니다. 제 주변 지인들이 그러더군요.

"검찰이 해도 너무 하네. 이거 좀 이상하지 않아?"

"그러게. 왜 저렇게까지 하지?"

"이건 뭐, 검찰이 대놓고 이재명을 죽이려고 하는 것 같아."

사람이 누군가에게 끊임없이 잘못을 추궁받으면 나중에는 '혹시 내가 정말 뭘 잘못한 건 아닐까'라는 생각이 들 수 있습니다. 저도 그랬으니까요. 예전에 선거법과 관련하여 저도 재판을 한 번 받은 적이 있습니다. 저는 전혀 잘못한 것이 없는데 검찰 측에서 자꾸 아니라고, '잘못이 있다'고 얘기를 하니까 혹시 '내가 정말 잘못한 것이 있나' 이런 생각을 한 적이 있습니다. 제가 만일 이재명 대표의 입장이었다면 엄청난 압박을 견디기 힘들었을 것 같습니다.

오죽하면 서초동에서 변호사들 사이에 그런 말까지 돌았다고 합니다.

"요즘 너무 일이 없어. 이러다 사무실 직원들 월급 주기도 어려울 것 같네."

"내 말이 그 말 아닌가. 아니, 대체 왜 이렇게 의뢰가 안 들어오는 거야?"

"그 이유를 몰라?"

"왜, 뭔데?"

"검찰이 지금 이재명 수사에만 집중하느라 새로운 사건이 없어."

"거 참, 해도 너무 하네."

이것은 정권 차원에서 한 야당 정치인을 죽이기 위한 집요한 프로젝트라고 볼 수밖에 없습니다. 상대방은 검찰을 틀어쥐고 수족처럼 부릴 수 있는 막강한 권력을 가지고 있어서 국가 공권력을 총동원해 수사를 마구잡이로 벌였습니다.

그 외에도 또 어떤 일이 벌어질지 모르는 상황이 계속 반복되다 보니 이재명 대표는 물론이고 저 역시 늘 긴장 상태에 있을 수밖에 없었습니다. 그래서 동료 의원들 중에는 저를 걱정하는 분들도 있었습니다.

"천 의원님, 이쯤 되면 빨리 발을 빼시는 게 어떻겠습니까."

"발을 빼다뇨? 그게 무슨…"

"비서실장직을 그만두는 게 어떻겠냐는 말입니다."

"도리상 그럴 수야 없죠."

정치적 반대자들의 문자 폭탄도 매우 거칠었습니다. 하루에도 수십, 수백 번씩 문자 알림이 떠서 보면 이재명 대표를 욕하고 공격하는 메시지였습니다. 대표 곁에 있는 저를 공격하는 문자도 정말 많이 받았습니다. 물론 그중에는 지역구 주민들이 저를 걱정하는 내용의 문자를 보내주시는 경우도 많았습니다.

이재명 대통령은 현재 총 5건의 재판에 회부된 상태이고, 검찰이 소환장을 보낸 횟수만 해도 제 기억으로 7회에 이르고 기소도 6건에 달합니다. 그럴 때마다 언론은 마치 이재명을 중범죄자처럼 보도해서 악마화했습니다. 그 때문에 부정적인 인식이 커지다 보니까 사람들이 그에게 진짜 어떤 문제가 있는 것 아니냐는 시선으로 봅니다. 그래서 지역구에 가면 주민분들이 저를 걱정해서 이렇게 말합니다.

"천 의원, 대체 왜 이재명 옆에 있어요?"

"그러게 말입니다. 빨리 손절하세요. 그러다 옆에서 괜히 덤터기 쓸 수도 있어요."

물론 좋은 의미에서 저를 걱정해서 그런 말씀을 하시는 분들이 많았지만, 가끔은 부정적인 시각으로 저까지 공격하는 분들도 있었죠. 이런 분위기가 총선 때까지 계속 이어졌습니다.

그러던 중 급기야 저에게까지 검찰의 소환장이 날아왔습니다. 이번에도 언론을 통해 소환 사실을 먼저 알게 됐습니다.

검찰은 변호사비 대납 사건으로 세상을 떠들썩하게 했지만 도저히 엮이지 않자 이번에는 대북 송금 사건으로 수사의 방향을 틀었습니다. 제가 당직자를 시켜 경기도청에서 대북사업 관련 자료를 빼돌리려고 했다며 소환을 통보한 것입니다. 하지만 당시 저는 국회 행정안전위원회 소속이었기 때문에 필요하면 언제든지 자료 요구를 해서 공식적으로 경기도 자료를 확보할 수 있는 상황이었습니다. 몰래 빼돌렸다는 설정 자체가 너무 어설펐습니다.

아마 검찰은 이재명 대표의 비서실장을 소환함으로써 '뭔가 있구나' 하는 인식을 심어주려고 했던 것 같습니다.

하지만 너무 말이 안 되는 황당한 설정이라서 소환 통보를 무시하고 출석하지 않았습니다.

하지만 당시 종편에서는 저를 마치 범죄자인 것처럼 보도했고 지역구에서는 '천준호가 곧 구속된다'는 소문까지 돌았다고 합니다.

결국 검찰의 소환 통보는 유야무야 아무 일 없이 끝났지만, 저는 검찰이 한 사람을 어떤 식으로 범죄자로 엮어서 악마화하는지를 체험했습니다. 검찰이 원하는 그림은 바로 이런 것이겠지요. 설령 혐의가 없다 해도 일단 뭔가 있는 것처럼 요란하게 언론을 통해 소환 통보를 하면 일반 국민은 의심의 눈초리로 보게 되니까요. 그리고 이런 일이 여러 번 쌓이면 의심은 확신이 되고 악질 범죄자로 낙인이 찍혀버리고 그 낙인은 좀처럼 쉽게 지워지지 않습니다.

| 다섯 |

이재명은 어떻게
악마화되었나?

솔직히 말하면, 저도 이재명 대표에 대해 잘 몰랐을 때는 그분에 대해 지금과 같은 깊은 신뢰가 없었습니다. 첫 대선 출마를 했을 때 대장동 사건이 처음으로 불거졌는데, 그때는 제가 그분과 특별한 인연이 있는 것도 아니었고 깊이 아는 사이도 아니었습니다. 그런 제가 보기에도 대장동 사건은 검찰의 말도 안되는 공격이라는 점이 분명해 보였습니다.

먼저, 대장동 개발 사업에 대해 살펴보겠습니다.

대장동 개발 사업은 성남시 대장동 택지 개발과 원도심 (제1공단 부지) 공원 조성을 결합한 민관 공동 도시개발사업으로, 총 사업비는 약 1조 5,000억 원 규모입니다. 당시 이재명 성남시장은 민간이 전부 가져갈 개발이익 중 5,503억 원을 성남시가 우선 환수하는 구조를 설계했습니다. 당초 성남시는 100% 공영개발로 사업을 추진하려고 한 것이지요. 하지만 당시 성남시의회는 새누리당 소속 시의원들이 과반을 차지하고 있었는데 그들은 이 사업의 수익성이 낮다는 이유를 들면서 지방채 발행 계획안을 시의회에서 부결시켰습니다. 결과적으로 100% 공영개발은 불가능해졌습니다.

이후 이 사업은 공공·민간 공동 사업으로 진행되었습니다. 이때 성남의뜰 PFV(프로젝트금융투자회사)가 설립되었습니다. 이 회사에 성남도시개발공사가 50%+1주, 민간사업자가 50%-1주를 투자하였으며, 민간 자산관리 회사인 화천대유자산관리가 사업의 실무를 맡았습니다.

사업 결과, 총 5,503억 원 상당의 개발 수익이 성남시로 환수되었습니다. 화천대유는 350억 원 상당의 초기

사업비 부담과 PF대출(7,000억 원)에 대한 연대보증 등 리스크를 감수한 대가로 약 4,000억 원 이상의 수익을 얻었습니다.

이때 더불어민주당 대선 후보 경선 과정에서 관련 기사가 나왔고, 이후 다른 언론들이 앞다투어 이 문제를 보도하기 시작했습니다. 그러자 이낙연 후보가 더불어민주당 대선 후보 경선 과정에서 이재명 후보에게 대장동 개발 사업과 관련한 해명을 요구하였고 20대 대선의 최대 논란거리가 되었습니다.

이후 본선 과정에서도 윤석열 후보가 이 부분을 집중 공격하면서 최대 정치 쟁점이 되었고 결국 검찰의 수사 대상까지 되었습니다.

그런데 당시 제가 봐도 이건 말이 안됐습니다. 왜냐하면 대장동 사업은 정말 잘한 사업이었으니까요. 저도 예전에 서울시에서 4년 정도 일한 경험이 있습니다. 그래서 개발 사업을 통해 개발이익을 환수한다는 것이 굉장히 어렵다는 것을 잘 알고 있었습니다. 개발업자들은 자신들의 이익을 조금도 내놓지 않기 위해 온갖 수단 방법을 다 동원합니다. 공무원들과 유착해서 로비도 하고, 때로는 비합법적이고 불법적인 방법을 쓰기도 합니다.

그런데 대장동 사업은 사업 규모에 비해 공공기여로 확보한 금액이 상당했습니다. 그렇게 하기 쉽지 않지요.

대장동 사업과 비슷한 시기에 비슷한 규모로 진행한 부산시의 '엘시티 개발 사업'은 부산시가 약 1,000억 원의 세금을 들여 기반 사업을 조성했지만, 개발이익은 한 푼도 환수하지 못 했습니다.

더구나 이 사업은 민간 컨소시엄의 정관계 로비와 특혜 의혹이 불거진 끝에, 비리 관련 정관계, 금융계 인사들이 줄줄이 검찰 수사를 받고 몇몇은 구속되기까지 했습니다.

그래서 저는 대장동 사업은 굉장히 잘한 사업이라고 봤습니다. 무엇보다 이 사업과 관련해 검찰이 그토록 탈탈 털어 먼지털이식 수사를 했지만, 개발업자가 당시 이재명 성남시장에게 돈을 건넸다는 증거는 하나도 없지 않습니까.

그래서 이 사업에 대해 세간의 평가가 너무나 왜곡돼 있다는 것을 저는 알았습니다. 그 무렵 제가 속한 상임위가 국토교통위원회였기 때문에 이 사업을 깊이 살펴볼 수 있었습니다. 그래서 이 건이 전혀 문제가 될 거라고 생각하지 않았지요. 그런데 선거라는 국면과 맞물리면서 정치적 공방의 대상이 되고 더욱이 검찰의 수사 대상이 되면서, 이것은 이재명이라는 한 정치인을 죽이기 위한 작전이라는 큰 그림이 보였습니다.

오히려 제가 보기엔 윤석열 부친의 집이야말로 문제가 있어 보였습니다.

당시 대장동 개발 사업의 '키맨'인 김만배 씨의 누나가 윤석열의 부친 윤기중 씨의 집을 샀지요. 이 거래에 수상한 점이 많아서 제가 조사차 그 집을 가봤습니다. 그런데 이 집이 실제로는 거래가 되기 어려운 조건이더군요. 집 자체는 평수도 넓고 마당도 있는 좋은 집인데 진입로가 너무 좁아서 차량 통행이 어려운 곳에 있습니다. 아주 오래전 처음 이 집이 지어졌을 때는 좋은 집이었을 것입니다.

산 밑의 전원주택 같은 곳이어서 넓고 전망도 좋으니까요. 하지만 세월이 흐르고 차량 통행이 주거의 중요한 조건이 되면서 원활하게 통행을 하기 어려운 나쁜 조건을 가진 집이 됐습니다. 게다가 고도 제한까지 있는 집이기 때문에 재건축도 어려워 살 사람을 찾기 매우 어려웠을 것입니다.

오랫동안 팔리지 않았던 골칫덩어리 집을 김만배 씨의 누나가 산 것입니다. 이것을 과연 우연의 일치라고 할 수 있을까요. 누가 봐도 김만배 씨가 누나의 이름으로 사 준 것이 아닌지 의심할 수밖에 없습니다. 과연 이 거래로 인해 누구한테 이익이 갔는지 확인해 보면 사건의 진실을 바로 알 수 있는 문제입니다.

최근 한 언론이 이 집의 매매 과정을 잘 아는 김만배 씨의 한 측근의 증언을 빌려 보도를 했습니다. 이 집을 매입했을 당시, 계약자는 김만배 씨의 누나였지만 실제로 돈을 댄 사람은 김만배 씨라는 것입니다. 또한 김만배 씨가 이 집이 윤석열 부친의 집이라는 것을 사전에 알고 매입에 나섰다고 합니다. 그렇다면 윤석열도 이 집의 매매 계약을 사전이나 사후에 알았을 가능성이 매우 높습니다. 만일 알면서도 윤석열이 '우연한 거래'였다고 주장한 것이라면 '허위 사실 공표' 행위에 해당합니다.

20대 대선 경선 당시, 국민의힘 후보였던 홍준표 전 대구시장조차 "로또 당첨만큼 어려운 우연의 일치"라고 꼬집기도 했지요.

아무튼 이재명 대표에 대한 윤석열 정부의 집요한 공격은 대장동 사건으로 그치지 않고 끊임없이 새로운 사건을 만들어냈지요. 특히 선거법 위반은 정말 말도 안 되는 것입니다.

검찰은 이 대표가 2021년 방송에 출연해 '김문기 성남도시개발공사 처장에 대해 알지 못한다'는 취지의 발언을 한 점과, 2021년 국정감사에서 '성남 분당구 백현동 식품연구원 부지 용도변경 과정에서 국토부의 협박이 있었다'는 취지로 발언한 점을 허위 사실 공표라며 기소했습니다.

1심은 이 대표에게 일부 혐의가 인정된다고 보고 징역

1년에 집행유예 2년을 선고했습니다. 하지만 2심에서 두 발언 모두 허위 사실 공표로 볼 수 없다면서 무죄로 결론을 내렸지요. 김문기 처장과 관련한 발언은 '주관적 인식의 표현'이어서 허위 사실 공표에 해당하지 않는다는 것입니다.

백현동 발언에 대한 무죄 판단의 근거는, 이 대표가 용도지역 변경 이유에 대해 설명한 것이 허위 사실이 아니고, 이른바 협박 발언 역시 과장된 표현일뿐 허위가 아니라는 것을 받아들였습니다.

다만 제가 약간 의혹을 갖고 있었던 건도 있었습니다. 일명 '쌍방울그룹 김성태 회장의 변호사비 대납 사건'인데요. 저도 처음에는 이 사건에 뭔가 문제가 있는 것이 아닌지 걱정했습니다. 실체를 잘 몰랐으니까요.

이재명 대표는 경기도지사 시절이었던 2018년부터 허위 사실 공표 등의 혐의로 치열한 법정 공방을 벌인 끝에 7:5로 무죄를 선고받은 바 있습니다.

그런데 이 재판에 대해 시민단체 대표 이병철 등이 '쌍방울그룹이 이재명 사건을 맡은 이태형 변호사의 수임료 23억 원을 대납했다'는 의혹을 제기하며 이 사건이 검찰로 넘어갔지요. 녹취록의 주요 당사자인 사업가 최 모 씨는 검찰 진술서를 통해 자신이 허풍을 친 것이고 해당 의혹은 허위 사실이라고 진술했습니다. 이후 이재명 후보는 공직선거법 위반 혐의로 고발됐지만 검찰 수사 결과 2022년 9월 8일 변호사비 대납 정황이 발견되지 않아 증거 불충분으로 무혐의 처분되었습니다.

그런데 여기서 끝이 아니었습니다. 검찰의 무혐의 처분에도 불구하고 정치적 의도를 의심케 하는 억지스러운 의혹 제기가 계속됐습니다. 김성태 씨가 변호사비 대납의혹의 '스모킹건'인 것처럼 여론몰이를 했고, 2023년 1월 김성태 씨가 태국에서 귀국할 때 TV 뉴스로 생중계까지 하며 이를 과도하게 부각시켰습니다. 김성태 씨가 한국에 들어오면 이재명은 끝난다는 식으로 말이지요. 하지만 이제 이 사건에 대해 아무도 언급하지 않습니다. 누구도 이 사건을 기억하거나 말하지 않습니다. 그토록 수많은 언론이 대단한 비리라도 있는 것처럼 보도했지만 지금은 완전히 사라졌지요. 검찰이 억지로 사건을 만들어서 기소하려고 했지만 기소도 못하고 끝난 것입니다.

문제는 그 이후부터입니다. 이렇게 이재명 대표가 어떤 사건의 의혹에 휘말리고 검찰 수사를 받고 언론에 오르내리게 되면 사실 여부와 상관없이 사람들 사이에 '이재명은 범죄자'라는 인식이 생겨버리는 것입니다. 마치 희대의 파렴치한 범죄자처럼 낙인이 찍혀버리는 것이지요. 비록 무혐의로 끝나더라도 검찰은 이재명을 악마화하는 데 수사 과정을 충분히 활용한 것으로 목적을 달성한 것입니다. 기소라도 되면 무죄가 되더라도 최소 2, 3년 동안 재판에 출석하며 만신창이가 되고 맙니다.

동시에 이재명의 주변 사람들을 소환하고 압수수색하며 괴롭힙니다. 이태형 변호사는 수임한 다른 사건의 의뢰인들까지 압수수색을 당했다고 합니다.

하지만 검찰의 칼춤에 함께 동조한 언론사는 누구도 그 사실에 대해 정정 보도를 한다든지 사과하지 않습니다. 우리나라 언론들 정말 반성 많이 해야 합니다. 검찰에서 흘린 잘못된 정보를 사실 확인도 제대로 하지 않고 보도해 한 사람을 완전히 사회에서 매장시켜 버립니다.

보통 사람들 같으면 이렇게 검찰과 언론에 조리돌림을 당하면 아마 다 가루가 되어버릴 것입니다. 하지만 이재명은 그 집요한 공격에서도 살아남았지요.

이런 사건들이 하나씩 새로 터져 나올 때마다 자세히 확인해 보면 사건이 될 수 없는 것들이 정말 많았습니다. 왜곡되어 있거나 조작되어 있다는 것을 다 확인할 수 있었지요. 이러한 과정을 곁에서 지켜보면서 확신을 갖게 됐습니다. 이것은 정치 검찰의 이재명 죽이기, 윤석열 정권의 정적 제거 작전이라는 것을 말이지요.

'대장동 배임' 1심 속행 공판(2024. 8. 13)
이재명 대표가 대장동 사건의 1심 속행 공판을 앞두고 서울중앙지방법원에 출석했다. 이재명 대표는 검찰의 먼지털이식 수사에도 불구하고 스스로 떳떳했기에 당당히 지지자들에게 손을 흔들어주었다. 이 모습이 인상 깊었다.

| 여섯 |

'공소권 없음'을
생각하다

아무리 뚝심이 있고 강단 있다 해도 그처럼 검찰에게 집요하게 시달리다 보면 누구든지 결국은 심적으로 허물어질 것입니다. 이재명 대표 역시 그러했을 것입니다. 왜 안 그렇겠습니까. 그도 사람인데요. 겉으로는 의연하고 당당한 모습을 보였지만 보이지 않는 곳에서는 많이 힘들었을 것입니다.

특히 선거법 위반 혐의로 기소됐을 때 본인 때문에 당이 잘못되는 건 아닌지 그 부분에 대해 걱정하고 불안해했습니다. 만일 100만 원 이상의 벌금형을 받게 되면 당이 선거보전 비용 434억 원을 반환해야 할 수도 있으니까요. 그래서 다른 사건들에 대해서는 당당하게 대응했지만, 선거법 문제로 기소가 됐을 때만큼은 이재명 대표도 많이 흔들렸던 것 같습니다.

2025년 5월 29일, 인터넷 방송 '매불쇼'에 출연해서 이런 말을 한 적이 있습니다.

"만일 유죄가 확정되면 선거보전금을 반환하게 돼서 당이 망하고, 우리 가족도 망하는데 저야 감옥 가서 20~30년 살다 죽으면 되지만 당과 가족을 생각하니 끔찍하더군요."라고요.

그리고 이런 말을 덧붙였습니다.

"'공소권 없음' 하면 당이나 주변 사람의 피해, 가족들의 피해는 없이 그냥 그걸로 끝나는 거에요. 그 유일한 방법이 개인적으로… 이런 생각을 안 할 수 없는 상황"이라고요.

본인 때문에 당과 가족이 피해를 입는 모습을 지켜보느니 차라리 내가 이 상황을 스스로 소멸시켜 버리는 것이

낫지 않겠나, 하는 것이지요.('공소권 없음'은 가장 대표적인 예로, 피의자가 사망하는 경우를 의미합니다.)

언젠가 이 문제로 고민을 하면서 저와 그런 뜻으로 이야기를 나눈 적도 있었습니다. 어딘가로 이동하는 차 안에서였습니다.

"스스로 끔찍한 선택을 하는 사람의 심정이 이해가 됩니다."

"대표님, 지금 무슨 생각을 하시는 겁니까?"

"나 때문에 다른 사람이나 당이 피해를 당할 수도 있다는 걸 생각하면 너무 힘드네요."

"그런 말씀 하지 마세요! 아니, 꿈에라도 그런 생각은 하지 마십시오. 마음 굳게 먹고 이겨내셔야죠. 왜 그런 쓸데없는 생각을 하십니까?!"

당시 그런 말을 듣고 저는 매우 놀랐습니다. 너무 비통하고 마음 아팠습니다.

이렇듯 이재명 대표가 검찰의 소환장을 받고 압수수색

을 당하고 검찰에 출석하는 등 일련의 사건을 가까이에서 지켜보았습니다. 옆에서 지켜보는 것만으로도 고통스러웠는데 더욱 힘들었던 것이 있었습니다. 바로 동지라고 믿었던 의원들도 의심하고 왜곡된 프레임으로 바라본다는 것이었습니다. 윤석열 정권과 검찰의 명백한 정치 탄압인데도 소위 '사법 리스크'라는 프레임을 통해 이재명 대표를 바라보는 시선들이 존재한다는 것이었지요. 사실 '사법 리스크'는 중립적인 표현처럼 보이지만 검찰의 소환과 기소 행위에 정당성을 부여하는 용어입니다. '사법 리스크'를 해소하려면 법원을 통해 구속 여부와 유무죄를 밝혀야 한다는 점에서 검찰의 의도가 그대로 관철되는 '검찰 중심' 프레임입니다. 따라서 '사법 리스크' 대신 '정치 탄압'으로 규정하고 불러야 마땅할 것입니다.

그런데 이런 리스크를 안고 당대표직을 계속 수행할 수 있겠냐고 은근히 불만을 터뜨리는 의원들도 있었습니다. 거기에는 검찰이 이 대표에게 씌운 혐의에 일정 부분 동조하는 뉘앙스도 있었습니다. 저는 그런 부분이 매우 불편하고 껄끄러웠습니다.

의원들이 동지로서, 동료로서 다 함께 이것은 '정치 탄압'이라는 인식을 공유하고 함께 맞서 싸워야 하는데, 그렇게 해석하지 않는 분들이 존재한다는 사실을 받아들일 수 없었습니다.

당대표가 되기 전까지 이재명은 성남시장으로, 경기도지사로 일해왔습니다. 단체장 직을 수행하게 되면 그 단체에 있는 구성원 수백수천 명이 단체장의 말 한마디를 수행하기 위해 일사불란하게 움직입니다.

하지만 정당은 다른 속성을 가지고 있습니다. 당은 경쟁이 일상화된 정치 조직이고 국회의원들은 각자가 독립적인 헌법 기관이어서 당대표가 뭐라 했다고 해서 그 말에 따라 일사불란하게 움직이지 않습니다. 적어도 그때까지는 민주당 내 분위기가 그러했습니다. 아마 이재명 대표는 처음에는 그런 분위기에 많이 당황했을 것입니다. 그뿐인가요. 의원들이 동조를 안 할 뿐만 아니라 등 뒤에서 칼을 꽂는 일도 벌어졌습니다.

그런 상황에 익숙하지 않았던 이재명 대표에게는 하루하루가 긴장의 연속이었을 것입니다. 그전까지는 검찰이 제1야당 당사를 압수수색 한 적이 없었습니다. 그런데 본인과 관련된 문제를 빌미 삼아 당사가 압수수색을 당하고 국회 본청까지 압수수색을 당하자, 이재명 대표는 매우 예민하게 받아들였습니다.

그런데 일부 동료 의원들마저 자신을 의심의 눈초리로 쳐다보니 고민이 될 수밖에요. 당시 그는 자신의 문제를 누구와 터놓고 같이 의논해야 할지 불분명한 상황에 처해 있었습니다.

| 일곱 |

당대표를 끌어넘기다

언론은 당내 의원들을 노골적으로 친명계와 비명계로 구분하고 있었습니다. 이러한 갈등 프레임을 계속 안고 갈 수는 없어서 이재명 대표는 이 문제로 많이 고민했습니다. 그래서 저에게도 종종 의논을 하셨지요. 어느 날 제게 물어보시더군요.

"천 실장님, 아이디어를 좀 주세요. 어떻게 이 프레임을 해소할 수 있을지…"

"그분들과 같이 식사를 해보시는 건 어떨까요?"

"식사라…"

"왜 그런 말이 있지 않습니까. 식탁에서 정이 생긴다고요. 함께 밥을 먹는 것만큼 사람 사이를 친밀하게 만드는 건 없는 것 같습니다."

"그래요. 자리를 한 번 만들어봅시다."

그렇게 이재명 대표는 본인에게 비판적이거나, 지난 대선 경선 당시 이낙연 후보를 지지했던 의원들을 개별적으로 또는 소그룹으로 반복적으로 만나서 오찬이나 만찬 일정을 잡아 함께 밥을 먹으며 소통하려고 애를 썼습니다.

물론 그렇게 만난 의원들은 당대표 앞에서 당신을 인정할 수 없다는 식의 직접적인 표현을 하지는 않았지만, 대표가 가까이 다가가려고 노력하는데도 벽이 느껴지는 분들도 많았습니다. 이재명과 함께 못 간다는 것이지요. 그래서 당 지도부나 저를 비롯한 당직 의원들도 그분들에게 전화를 하거나 직접 만나서 대화를 통해 풀어가려고 무던히 애를 썼습니다.

일부 의원들은 검찰이 씌운 이재명 대표의 혐의들에 대

해서 별다른 근거도 없이 확신하는 것 같았습니다. 당사자의 말보다 검찰의 주장을 더 신뢰하고, 이에 대항하는 행동에는 소위 '방탄'이라는 프레임을 씌웠습니다. 일부는 검찰이 직접 흘려주지 않으면 알 수 없을 것 같은 첩보를 알고 있기도 했습니다. 예를 들어, 이번 체포영장은 구속을 피하기 어려울 것이라는 식으로 말하기도 했으니까요.

하지만 그렇게 흘러든 정보들은 사실이 아니었습니다. 한쪽의 일방적인 주장일 뿐이었지요. 윤석열 정권이 민주당 내부를 교란해서 붕괴시키기 위해 세력 간 갈등을 심화시키는 공작을 했다고 생각합니다.

이재명 대표에 대한 1차 체포동의안 표결 결과가 나왔을 때 비록 부결되기는 했지만, 사실 그 과정에서 충격을 받았습니다. 기권이 9표나 나왔으니까요. 반대파에서 1차 경고를 한 것이지요. 이게 무슨 뜻이었겠습니까. '너 스스로 물러나면 구속은 안 되게 하겠다'라는 메시지였던 것입니다. 나중에 그 의미를 분명하게 알게 되었지요.

그러다 기어이 일이 터졌습니다. 그날의 일을 저는 지금도 충격으로 받아들이고 있습니다. 2023년 9월 21일, 이재명 대표에 대한 2차 체포동의안이 국회 본회의에 상정됐습니다. 그날 국회 본회의장 전체에 팽팽한 긴장감이 감돌았습니다. 표결에 들어가는 일부 민주당 의원들의 얼굴에도 긴장한 모습이 역력했습니다. 기표를 하고 나오면서도 우리는 모두 설마, 설마 했습니다. 1차에서 부결됐기 때문에 당연히 2차에서도 부결될 것을 확신했으니까요.

그런데, 이게 웬일입니까! 막상 뚜껑을 열어보고 모두가 경악했습니다. 모두의 예상을 깨고 체포동의안이 통과된 것입니다. 295명이 표결에 참여해 149명이 찬성표를 던졌습니다. 가결 요건은 출석 의원의 과반수인 148표였습니다. 그보다 한 표 더 많았지요. 이는 민주당 내에서 최소 21명의 의원들이 가결표를 던졌다는 것을 의미합니다.

저뿐만 아니라 민주당 의원 모두 충격에 휩싸였습니다. 자기 당대표를 검찰에 팔아넘긴 의원들의 숫자가 그렇게나 많다니요. 제1당 대표의 체포동의안이 국회에서 통과된 것은 헌정사상 처음 있는 일이었습니다. 게다가 당시 이재명 대표는 22일째 장기간 단식 중이었습니다.

1차 체포동의안 표결 이후 2차 체포동의안 표결이 오기 전까지 몇 달의 시간이 있었는데, 이때에도 이재명 대표가 물러나지 않고 포기하지 않자 결국 2차 표결에서 '어디 맛 좀 봐라'는 식으로 가결 시킨 것입니다. 검찰의 탄압을 이용해 당대표를 흔들고 물러나게 하려 했지만 1차 실패하자, 2차에서는 가결시켜 총선 공천권을 탈취하겠다는 의도를 드러낸 것입니다.

있을 수 없는 일이었습니다. 어떻게 검찰에게 자기 당대표를 넘길 수 있습니까. 어떤 말로도 그건 합리화될 수 없는 일입니다. 무기명 투표였기 때문에 가결표를 던진 의원이 누구인지 명시적으로 드러나지는 않았지만 어느 정도는 누군지 알만 했습니다.

제가 그렇게 충격을 받고 마음에 상처를 받았으니 당사자인 이재명 대표의 심정은 어떠했겠습니까. 그토록 노력하고 마지막까지 설득하면서 소위 계파 구분 없이 당을 운영하고 공정하게 공천을 관리할 방안을 제시했지만 결국 받아들여지지 않았으니까요.

 이 사태로 인해 박광온 원내지도부는 총사퇴하고 당내 의원들 사이의 갈등이 극에 달했습니다. 당은 한동안 극심한 내홍을 겪어야 했습니다. 검찰이 짜놓은 이재명 죽이기 시나리오의 덫에 걸린 당은 결국 균열과 갈등이 심화되기 시작했습니다.

이재명 대표 체포동의안 가결 직후(2023. 9. 21)
이재명 대표에 대한 2차 체포동의안이 국회 본회의에서 가결되었다. 1차 부결에 안심했던 우리는 결과에 충격을 받았다. 민주당 내부에서 최소 21명이 찬성표를 던졌고, 대표의 단식 중 발생한 사태여서 당내 갈등과 분열 분위기를 더 고조시켰다.

| 여덟 |

이재명의 사즉생

혹시 무엇인가 목적을 달성하기 위해 단식투쟁을 해보신 경험이 있으십니까. 사람이 억지로 곡기를 끊고 단식투쟁을 한다는 것은 어지간한 각오가 아니면 하기 힘든 일입니다. 인체에 여러 가지 후유증을 남길 뿐만 아니라 자칫하다가는 목숨을 잃을 수도 있습니다. 그래서 어떠한 출구도 보이지 않고 어떤 해결 수단도 갖고 있지 않을 때 가장 마지막에 목숨을 걸고 선택하는 것이 바로 단식이지요.

어느 날 이재명 대표가 말했습니다.

"이대로는 안 되겠습니다. 가만히 있다가는 저들에게 민주주의도, 저도 꼼짝없이 죽임을 당할 것 같아요."

이 대표의 얼굴에 단단한 결기가 보였습니다.

"어쩌시려고요?"

"목숨을 걸고 투쟁해야지요. 가만히 있어도 어차피 죽습니다. 그러느니 죽을 각오를 하고 싸워야죠."

당시 윤석열 정부의 국정기조는 경제 살리기를 통한 민생 회복보다는 오로지 정적 죽이기와 김건희 살리기에만 골몰해 있었습니다. 모든 것이 엉망이었습니다. 이태원 참사로 153명의 젊은 목숨이 희생되었고 일본의 핵 오염수 방류를 수수방관했지요.

그래서 이재명 대표는 윤석열 정부의 민생 파괴, 민주주의 훼손에 대한 대통령의 사과, 전면적 국정 쇄신과 개각 등을 요구하면서 국회 본청에서 무기한 단식에 돌입했습니다.

사실 저희는 처음엔 열흘 정도의 단식 정도면 되겠다고

이재명 대표의 단식 2일 차(2023. 9. 1)
단식 2일차 때만 해도 이재명 대표는 무척 건강해 보였고 의지는 확고해 보였다. 윤석열 정권의 폭압 정치는 극에 달했지만 출구는 어디에도 없어 보였던 당시 이 대표가 선택한 방법은 출구 없는 단식이었다. 살기 위해 죽음을 각오한 것이다.

생각했습니다. 그런데 이재명 대표는 열흘이 넘어가고 보름이 넘어가도록 단식을 중단하지 않았습니다. 저러다 큰일 치르는 거 아닌지 걱정이 되기 시작했습니다. 저희가 그만 중단하시라고 말렸지만 대표의 의지는 확고했습니다. 단식은 하는 사람이 누구보다 고통스럽지만 옆에서 지켜보는 사람들도 고통스러운 일입니다.

단식이 예상을 넘기면서 길어지자 이재명 대표를 말릴 사람은 김혜경 여사 뿐이라고 생각했습니다. 서영교 의원이 김혜경 여사에게 전화했습니다. 그런데 전화기 너머로 울음소리가 들려왔습니다.

"의원님, 그 사람 좀 살려주세요. 그 사람 죽음을 각오하고 갔습니다."

이재명 대표는 정말 목숨을 걸고 단식에 임하고 있었던 겁니다. 이제 말릴 사람이 없었습니다.

그 와중에도 단식 13일째 되는 날 검찰은 대북 송금 의혹과 관련해서 이재명 대표를 또 소환했습니다.

단식 중 수원지검 출석(2023. 9. 12)
검찰은 김성태 쌍방울그룹 회장이 이재명 경기도지사 시절 방북 비용 800만 달러를 북한에 보내는 데 관여했다는 제3자 뇌물 혐의를 씌워 소환했다. 단식 중인 제1야당 대표를 소환한 것은 명백한 '의도적 만행'이었다. 이날 검찰에 출두하면서 이재명 대표는 검찰이 쌍방울의 대북 송금에 "제가 관련이 있다는 증거를 제시하는지 한번 보겠다"고 기자들에게 말했다.

이재명 대표의 몸 상태는 점점 악화되어 갔습니다. 의사들이 와서 검진하더니 "이대로 계속 가면 상당히 위험한 상황에 처해질 수 있다. 그만 멈춰야 한다"고 말했지만 본인의 의지가 완강했습니다. 절대 여기서 그만둘 수 없다는 것이었지요.

18일째 되는 날은 아침에 흔들어 깨워도 일어나지 못했습니다. 소리를 잘 못 듣기도 하고 일어날 기운도 없어 보였습니다. 상태가 너무 심각해져서 급히 구급차를 불렀습니다. 일단 구급차에 태우고 가려고 했지요. 하지만 구급차가 왔는데도 이재명 대표는 안 가겠다고 버텼습니다. 어쩔 수 없이 구급차를 돌려보낼 수밖에 없었습니다. 너무 걱정이 돼서 바로 주치의를 불렀습니다. 의사선생님이 대표의 몸 상태를 진단하더니 너무 위험하다고 하더군요.

"여기서 더 하면 장기가 다 망가집니다. 회복이 안 돼요. 강제로라도 중단시키세요."

그래서 당대표 비서실의 당직자들과 이렇게 의견을 모았습니다. 그리고 박찬대 최고위원 등 극소수 지도부와 상의했습니다.

"이 상태에서는 안 되겠어요. 내일 아침에 흔들어 깨워서 의식이 없으면 그냥 모시고 갑시다."

"네, 그러는 수밖에 없겠네요."

그러다 결국 19일째 되는 날 아침에 몇 번 흔들어 깨웠는데 반응이 없었습니다. 의식을 잃고 기절한 것 같았습니다.

그래서 급히 구급차를 불러서 가까운 여의도 성모병원 응급실로 이송했습니다. 이후 회복을 위해 녹색병원에 입원했는데 이 대표는 병원에서도 식사를 거절했습니다. 그렇다고 그저 두고 볼 수는 없어서 수액을 꽂았습니다. 단식은 24일째 되는 날이 되어서야 중단됐습니다. 단식 22일째 되는 날, 국회에서 체포동의안이 가결되었기 때문에 이제는 영장실질심사를 대비해야 했습니다. 이재명 대표의 24일간의 단식은 우리나라 정치 역사상 야당 대표 단식 중 최장기간으로 기록되었습니다. 전두환 독재 정권에 항거하기 위해 김영삼 전 대통령이 단식한 기간이 23일이었으니까요.

상황이 이런 와중에도 검찰은 이 대표가 병원으로 이송

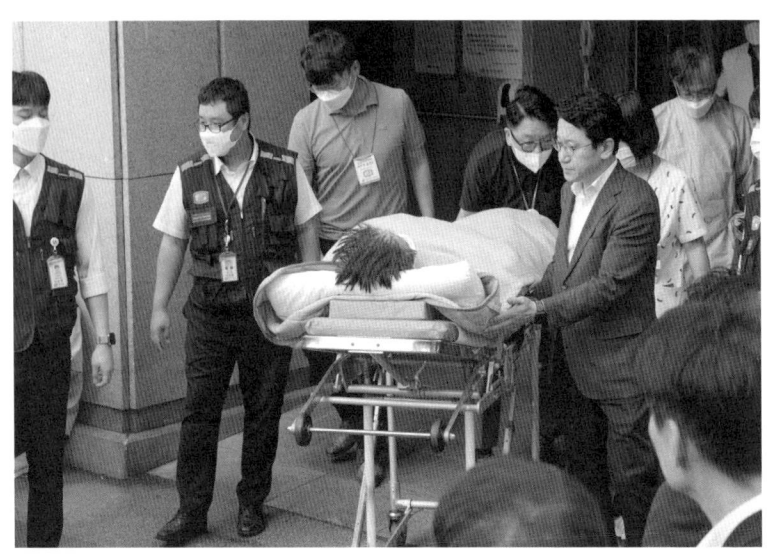

단식 19일차 병원 이송 모습(2023. 9. 18)
윤석열 정부의 국정기조 쇄신 등을 요구하며 이재명 대표는 무기한 단식에 돌입했다. 19일차 되던 날 의식을 잃고 병원에 실려 갔다. 목숨을 걸고 단식을 한 제1야당 대표에 대해 대통령실과 한동훈 당시 법무부 장관은 조롱과 막말을 쏟아냈다.

된 당일에 구속영장을 청구했습니다. 심지어 대통령실 관계자는 이런 말까지 했습니다.

"누가 단식 중단을 막았습니까. 아니면 누가 단식하라고 했습니까."

한동훈 당시 법무부 장관도 막말에 가까운 발언을 했지요.

"수사받던 피의자가 단식해서, 자해한다고 해서 사법 시스템이 정지되는 선례가 만들어지면 안 된다고 생각합니다. 그럼, 앞으로 잡범들도 다 이렇게 하지 않겠습니까"라고요. 이재명 대표를 '잡범' 취급한 것입니다. 정말 피도 눈물도 없는 집단이 아니고 무엇이겠습니까.

이재명 대표는 장기간의 단식 후유증으로 제대로 걷기도 힘든 상태에서 지팡이를 짚고 영장 실질 심사에 출석했습니다. 제1야당 대표로서 그토록 위축된 모습, 어쩌면 자존감이 무너졌을 모습을 곁에서 지켜보면서 정말 측은지심이 들었습니다. 제가 할 수 있는 한 무엇이든 해드리고 싶었습니다.

그날 우리는 대부분 이재명 대표의 구속 가능성을 높게

구속영장 기각 당시 서울구치소 앞(2023. 9. 27)
이재명 대표에게 소위 '백현동 개발 특혜' 의혹 '쌍방울그룹 대북 송금' 의혹과 관련한 배임과 뇌물 혐의 등으로 구속영장이 청구되었다. 다행히 법원에서 구속영장이 기각되었다. 구속영장 실질 심사 결과를 기다리는 시간이 정말 초조했다.

생각했습니다. 왜냐하면 국회에서 체포동의안이 가결됐으니까요. 구속영장 실질 심사가 진행되는 동안 저와 민주당 의원들은 서울구치소 앞 어느 교회에 모여 초조하게 결과를 기다렸습니다. 일부 의원들은 기도를 했습니다.

그런데 반전의 기적이 일어났습니다. 새벽 무렵 법원에서 구속영장이 기각된 것입니다. 이재명 대표는 불사신처럼 다시 살아났습니다. 천국과 지옥을 오간다는 말이 딱 이런 경우를 두고 하는 말이구나를 실감할 수 있었습니다.

그때 이재명 대표가 대기실에서 서울구치소 입구로 휠체어를 타고 나오다가 일어나 교도관에게 허리 숙여 인사하는 모습이 보였습니다. 저는 지팡이를 짚고 나오는 그분의 손을 꼭 잡아드렸습니다. 이 대표는 비를 맞으며 늦은 시간까지 구치소 앞에서 가슴 졸이며 기다려주신 국민께 감사 인사를 드렸습니다.

이재명은 이처럼 위기 앞에서 더 강해지는 사람입니다. 위기에 굴복하거나 무릎을 꿇는 대신 강고한 의지로 돌파해 나가는 사즉생의 자세, 이것이 이재명 스타일입니다.

| 아홉 |

사선을 넘어
돌아오다

중국 고전 〈맹자〉에 이런 문장이 나옵니다.

"하늘이 장차 어떤 사람에게 큰 임무를 내리려 할 때에는 반드시 먼저 그 마음을 괴롭히고, 그 힘줄과 뼈를 수고롭게 하며, 그 몸을 굶주리게 하고, 그 몸을 곤궁하게 하여, 그가 하고자 하는 바를 흔들고 어지럽게 하니, 이는 그의 인내심을 길러주어 그가 할 수 없었던 것을 능히 해낼 수 있게 하려 함이다."

대한민국 대통령이 된 이재명을 보면 절로 떠오르는 문장입니다. 과거 김대중 대통령 역시 숱한 시련을 겪으셨습니다. 정적에게 위협을 당한 끝에 죽음의 문턱도 넘은 분이셨지요. 그리고 마침내는 모든 시련과 고난을 이겨내고 대통령이 되셨습니다. 이후 IMF라는 국난을 극복하고, 남북관계를 획기적으로 개선시켰으며, IT 정보화 시대를 열면서 대한민국의 새로운 성장동력을 마련했습니다.

'인동초'로 불릴 만큼 고난과 시련을 이겨내고 마침내 위기의 대한민국을 구한 대통령, 나아가 우리 사회를 한 단계 더 진일보시킨 김대중 대통령. 그와 이재명 대통령의 삶과 운명은 많이 닮았습니다. 목숨이 위태로웠던 사건을 겪은 경험까지도요.

2024년 1월 2일, 그날을 저는 평생 잊지 못할 것입니다. 어찌 그날을 잊을 수 있겠습니까.

부산이었습니다. 한겨울이지만 따뜻했던 날이었습니다.

햇살이 간간이 비추던 오전이었습니다. 이재명 대표는 부산 가덕도신공항 예정부지를 시찰하고 이동하는 일정을 소화하고 있었습니다. 기자들의 질문을 받으며 이동 중이었습니다. 분위기는 좋았고 일정은 순조로웠습니다. 테러범이 대표와 가깝게 다가올 때까지도 전혀 눈치채지 못했습니다. 찰나였습니다. 한 남자가 종이를 내밀면서 그러더군요.

"대표님, 사인 하나만 해주세요."

얼핏 보니까 머리에 '내가 이재명'이라고 쓰인 왕관 모양의 머리띠를 하고 있어서 지지자인 줄로 알았습니다. 그러니 누구도 막을 생각을 못했을 것입니다. 대표가 사인을 해주기 위해서 고개를 숙이는 순간 종이 밑에 감춰져 있던 칼이 대표의 목을 찔렀습니다. 순식간의 일이었습니다. 범인은 오랫동안 많은 연습을 한 듯했습니다. 나중에 알고 보니, 사건 현장에 오기 전 봉하마을에서 테러를 연습하는 영상까지 나왔습니다.

순간, 퍽! 소리가 나더군요. 저는 처음에는 그 남자에게 주먹으로 맞은 줄 알았습니다. 그런데 뒤에 쓰러져 있는 대표를 봤더니 목에서 피가 치솟고 있었습니다. 이것저것 생각할 바 없이 바로 지혈을 했습니다. 현장은 순식간에 아수라장이 됐습니다.

바로 구급차를 불렀는데 그곳이 워낙 외진 곳이라서 거기까지 오는 시간이 25분 정도 소요된다는 것이었습니다. 이후 구급차가 와서 응급 처치를 하고 같이 병원으로 이동했습니다. 그런데 우리가 이동한 뒤 15분쯤 후에 경찰이 그 현장을 사진도 찍어놓지 않은 채 물청소를 해버렸다는 이야기를 들었습니다. 제1야당 대표의 암살 테러 현장인데 황급한 물청소라니요. 당연히 보존해야 했었습니다.

피습 당시 피가 묻은 와이셔츠도 부산대병원에서 의료폐기물로 버렸다고 하더군요. 병원 입장에서는 옷보다 환자의 생명을 살리는 것이 더 중요하기 때문에 무심코 버렸다는데 나중에 민주당 당직자가 찾아냈습니다.

그날 이재명 대표는 너무 아파서 고통스러워했는데 현장에 구급차는 빨리 안 와서 정신이 하나도 없었습니다.

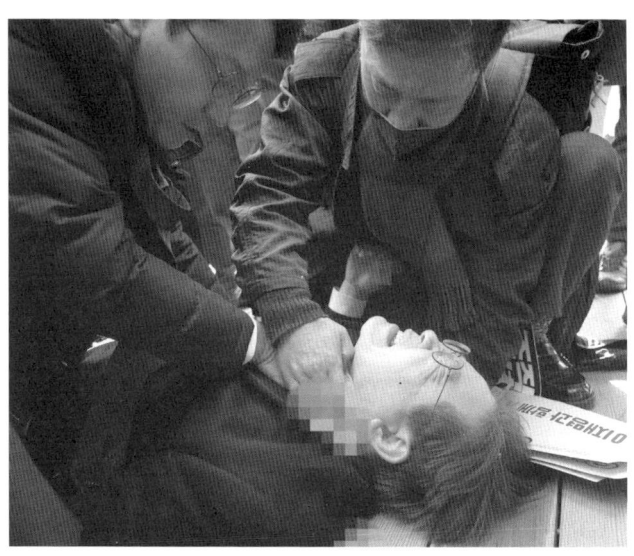

이재명 대표 목숨을 노린 암살 테러 사건(2024. 1. 2)
불시에 테러를 당해 쓰러진 이재명 대표는 몹시 고통스러워했다. 이날의 테러로 목에 1.4cm의 자상을 입었다. 내경정맥에 깊은 자상을 입었고 그 둘레 60%가 절단된 심각한 부상을 입었다. 만일 경동맥이 찔렸고 이때 5분 안에 지혈하지 못했다면 그 후 어떻게 됐을지는 지금 생각해도 아찔하다.

평소 제가 좀 침착한 편인데 그때는 너무 당황해서 아무 생각도 나지 않았습니다. 그저 제발 대표의 목숨만 살려달라고 간절히 기도했습니다.

상황은 좋지 않았습니다. 대표가 피를 너무 흘려서 제 손과 옷이 시뻘겋게 적셔질 정도였습니다. 지혈하는 손수건도 피로 범벅이 되고 손수건 밑에도 피가 흥건했습니다. 천만다행인 것은, 칼끝이 셔츠 옷깃을 먼저 찌르면서 경동맥 1mm 앞에서 멈추었다는 것이었습니다. 이날 이재명 대표는 목에 1.4cm의 자상을 입고 내경정맥의 60%가 손상됐습니다. 만일 경동맥이 찔렸다면, 아마 이날 유명을 달리했을지도 모릅니다.

현장에 도착한 구급차를 타고 함께 인근의 헬기 이착륙이 가능한 운동장으로 이동했습니다. 소방헬기를 이용해 부산대병원으로 갔습니다. 부산대병원 외상센터에서 성공적으로 응급 처치를 한 후 약간의 안정을 찾게 되자 이재명 대표는 겨우 첫 마디를 뗐습니다.

"집에 괜찮다고 말해주세요."

그 시간 누구보다 먼저 걱정하고 있을 김혜경 여사와 가족이 떠오른 것입니다.

의료진의 신속하고 체계적인 응급조치 덕분에 다소간 안정을 확보할 수 있었으나, 응급수술을 앞두고 이 대표의 가족과 먼저 상의를 하고 전원 여부를 결정해야하는 상황을 맞았습니다. 가족들은 집과 가족이 모두 서울 부근에 있고, 이후 치료 과정이 얼마나 걸릴지 알 수 없는 상황, 수술동의서 작성 등을 고려해 가능하다면 서울에 있는 병원에서 수술과 치료를 받길 원했습니다. 이에 부산대병원 측에 연고지 관계로 전원을 문의하였고, 서울대병원과도 연락해서 전원에 필요한 절차를 문의했습니다. 이후 양측 의료진이 협의하여 서울로의 이송을 결정하고 그에 따른 이송 절차를 밟게 되었습니다.

저는 환자 이송을 돕기 위해 소방헬기에 동승했습니다. 헬기는 한강 노들섬 착륙장에 무사히 착륙했고, 서울대병원까지 이송 과정을 함께 했습니다. 한순간도 긴장을 놓을 수 없는 숨 가쁜 시간이 이어졌습니다.

그런데 이 과정에서 소방헬기 이송을 두고 특혜시비가 벌어졌습니다. 국가기관인 국민권익위원회가 중심에 섰습니다. 권익위는 소방헬기 이송 과정에서 부정 청탁과 특혜가 있었다며 치료에 최선을 다한 의료진과 119구급대원들을 조사하고 해당 기관에 징계를 요구하기까지 했습니다. 하지만 정작 해당 기관들은 규정을 어긴 것이 없다면서 아무도 징계하지 않았습니다. 이유인즉 권익위가 규정이 다른 닥터헬기 규정을 근거로 들이밀며 징계를 요구했기 때문이었지요. 한마디로 국가기관이 나서서 이재명 대표를 악마화한 것입니다. '특혜를 받았다'고 억지를 부린 것입니다. 자칫하면 목숨을 잃을 뻔했던 테러마저 정쟁의 소재로 삼은 것이었습니다. 해도해도 너무한다는 생각을 지울 수 없었습니다.

그런 공격을 받고도 병원에서 퇴원한 이재명 대표는 정부 여당을 향해 '죽이는 정치가 아니라 살리는 정치를 하자'고 호소했습니다. 이 사건을 겪은 후 대표는 '지금부터는 덤으로 사는 인생'이라고 스스로 표현하기도 했습니다. 죽음 직전까지 갔다가 살아돌아온 사람만이 가질 수 있는 성찰의 경지에 도달했다고 할까요.

그날의 테러 사건을 겪고 사선을 넘어 돌아온 이재명 대표는 확실히 이전보다 훨씬 더 성숙해 보였습니다. 좀 더 여유로워 보였고, 안정감도 있어 보였습니다. 어딘지 예전과는 달라 보였습니다. 왜 안 그러겠습니까. 피습당한 순간 이대로 자신이 죽을지도 모른다는 생각을 했던 사람이 살아났으니까요. 세상 모든 일에 감사한 생각이 들고 어지간한 일에는 초연해지지 않겠습니까.

▲ 피습 사건 이후 퇴원 기자회견(2024. 1. 10) ▼ 피습 사건 이후 첫 국회 출근(2024. 1. 17)
죽을 고비를 넘긴 후 이재명 대표의 태도는 어딘지 좀 달라보였다. 자신의 표현처럼 '덤으로 사는 인생'이라고 생각해서인지 훨씬 여유 있어 보이고 안정감이 있어 보였다.

| 열 |

암살 테러,
왜 재수사해야 하나?

생사를 오고 갔던 이재명 대표의 테러에 관해 반드시 짚고 넘어가야 할 일이 있습니다. 윤석열 정권이 이 사건을 애써 별것 아닌 일로 축소하고 은폐, 왜곡하려 했던 일들은 도저히 그냥 넘어갈 수 없는 일입니다. 한술 더 떠서 테러 피해자인 이재명 대표를 조롱과 비난의 대상이 되도록 유도한 측면도 간과할 수 없습니다.

테러가 발생한 초기, 총리실 '대테러종합상황실' 명의로 불특정 다수에게 문자 메시지가 발송됐습니다. 그 내용을 보면 사람이 죽을 뻔한 살인미수 테러 사건을 가벼운 자상 정도가 일어난 사건으로 축소하려는 의도가 역력히 담겨 있습니다.

> <부산 강서, 이재명 대표 부산 방문 중 피습사건 발생(2보) / 의식 있음>
>
> ㅇ 10:27경 가덕도를 방문 후 차량으로 이동 중인 이재명 대표의 목 부위를 과도로 찌른 불상자(6~70대 노인)를 현장에서 검거
>
> - 현장에서 지혈 중(의식 있으며, 출혈량 적은 상태)
>
> - 소방, 목 부위 1cm 열상으로 경상 추정
>
> [대테러종합상황실]" -

사건이 발생한 초기에 총리실 '대테러종합상황실' 명의 단체문자 총리실에서 애써 이재명 대표 테러 사건을 가벼운 것으로 축소하려는 의도가 엿보인다.

"부산 강서, 이재명 대표 부산 방문 중 피습 사건 발생(2보)/의식 있음. 10:27경 가덕도 방문 후 차량으로 이동 중인 이재명 대표의 목 부위를 과도로 찌른 불상자(6~70대 노인)를 현장에서 검거, 현장에서 지혈 중(의식 있으며, 출혈량 적은 상태), 소방, 목 부위 1cm 열상으로 경상 추정"

대개 열상은 피부에 난 가벼운 상처를, 자상은 칼과 같은 날카로운 것에 찔려 입은 상처를 말합니다. 자칫하면 목숨을 잃었을 수도 있는 살인미수 사건을 총리실 대테러 종합상황실은 단순히 경상에 불과한 폭행 사건 정도로 축소 왜곡한 것입니다. 그럼으로써 '나무젓가락 자작극'과 같은 황당한 가짜뉴스가 전파되는 빌미를 제공했습니다.

당시 직장인 커뮤니티 블라인드에 모 회사원이 글을 올려서 이렇게 주장했지요.

"이재명 영상을 슬로우로 보면 민주당원이 왼손에 칼, 오른손에 종이로 말은 나무젓가락을 들고 오른손으로 찌른다"며 "자작극을 의심하지 않을 수 없다"

다른 회사원도 피습 장면 영상을 프레임 단위 정지 사진으로 올리면서 억지 주장을 펼쳤습니다.

"범행 직후 범인의 오른손에는 칼이 아닌 무언가 짧은 물건이 들려 있고 나무젓가락으로 추정된다"

범인이 이 대표를 찌른 흉기가 이 대표의 팬클럽이 사용하는 깃발 모양 응원 도구의 깃대 부분이라는 주장을 하는 사람들도 있었습니다. 그럼으로써 자작극으로 몰고 가려는 속셈이 엿보였습니다.

범행 당시 현장에서 들렸던 소리를 근거로 의혹을 주장하는 경우도 있었습니다. 국민의힘 지지자들이 이용하는 인터넷 게시판에는, 이재명 대표가 피습된 후 0.5초 정도 지난 순간에 '똑'하고 나무가 부러지는 듯한 소리가 들렸다면서 이 소리의 정체가 무엇인지를 묻는 어이없는 글도 올라왔습니다. 자작극이기를 바라는 그들의 망상이 이런 얼토당토않은 헛소문을 만들어냈습니다.

하지만 당시 이재명 대표가 테러를 당할 때 사용된 흉기는 스트롱암 칼을 개조한 것으로, 칼날의 길이만 13cm에 이르렀습니다. 당시 이재명 대표가 입었던 와이셔츠도 피로 물들었고, 목깃에도 칼날이 관통한 흔적이 뚜렷하게 남았습니다.

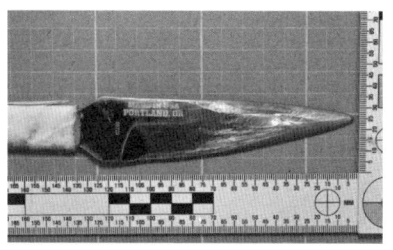

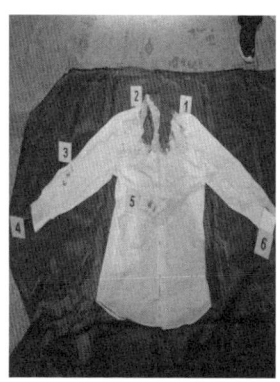

테러 당시 사용된 칼과 이재명 대표의 피 묻은 옷. 이것을 보고도 극우 집단은 '나무 젓가락 자작극'이라고 운운할 수 있을까.

심지어 일베 게시판에는 '이재명 자작극 증거 확실'이란 제목으로 "휴지로 지혈하는데, 휴지에는 피 한 방울 번지지 않는다. 이게 상식적으로 이해가 가나"라는 글이 올라오기도 했습니다.

그리고 앞서 썼듯이, 경찰은 사건이 발생한 지 15분 만에 사건 현장을 물로 청소해 버렸습니다. 이는 전례가 없는 일이며 수사 상식에도 맞지 않는 일입니다. 현장을 보존해야 할 경찰이 나서서 현장 증거를 없애버린 것입니다. 이때 경찰이 청소 도구를 인근 펜션에서 빌려왔다는 이야기도 들렸습니다. 대체 경찰은 어떤 의도로 그처럼 빨리 사건 현장의 흔적을 지워버린 것일까요.

경찰은 테러범의 신상 공개도 하지 않았습니다. 부산경찰청 신상정보 공개 심의위원회가 이렇게 결정했다는데요. 사건의 잔인성과 국민의 알 권리 충족 등 공개 요건에 부합하지 않다는 이유 때문이라고요. 제1야당 대표가 테러로 목숨을 잃을 뻔한 중대한 사건인데 어떻게 국민의 알

피습 직후 현장 물청소 장면(2024. 1. 2)
경찰은 사건 발생 직후 15분 만에 사건 현장을 물청소했다. 일반적인 수사 상식에 어긋나는 행동이었다. 오직 야당 대표 죽이기에만 몰두하는 정부와 국가권력이 개탄스러울 따름이었다.

권리를 충족하지 않는다는 것일까요. 당시 수사본부는 신상정보 공개 심의위원회를 열어서 7명의 위원이 참석해서 논의했는데요. 그 결과, 3분의 2 이상의 동의를 얻지 못해 비공개 결정을 한 것입니다.

2024년 7월 13일 미국 트럼프 대통령이 총격 테러를 당했을 때 미국 FBI가 곧바로 테러범의 신상을 공개한 것과 너무 대비되는 한국 경찰의 결정입니다.

하지만 이 사건 발생 후 가장 분노할 일은, 테러 피해자인 이재명 대표에 대해 윤석열 정부가 '특혜' 프레임을 씌운 것입니다. 그 총대는 국민권익위원회가 메고 나섰습니다. 그것도 사건 발생 7개월이나 지난 시점에 말이지요. 국민권익위의 주장은 다음과 같았습니다.

"권한이 없는 부산대병원 의사가 부산재난소방본부에 헬기 이송을 요청했고, 소방본부도 의료 헬기 출동에 대한 주치의 권한 및 헬기 출동 관련 매뉴얼을 준수하지 않았다면서 부산대병원은 이권 개입 및 알선 청탁으로, 소방본부는 특혜를 제공한 것"

국민권익위는 이재명 대표가 탑승했던 소방헬기 운영 규정이 아닌 '닥터헬기 운영 규정'을 끌어와 관련 의료진과 소방공무원을 징계해야 한다는 의견을 냈습니다. 이 일로 인해 의료계와 소방에서는 어이없어하며 분통을 터뜨렸습니다.

이후 공격의 총대를 건네받은 국민의힘은 국회 정무위원회 국정감사에서 '특혜'라며 거친 공세를 폈습니다. 민생보다 오로지 어떻게든 이재명 대표의 날개를 꺾고 야당 죽이기에만 골몰하는 그들의 행태가 그저 개탄스러울 따름이었습니다. 암살 테러는 여야를 떠나 배격해야 하는 것인데, 정쟁의 도구로 삼아 피해자를 공격하는 것은 결국 테러를 조장하는 행위일 뿐입니다.

저는 이 공세에 맞서서 사실 관계를 명확히 밝혔습니다.

이 대표가 이용한 헬기는 닥터헬기가 아니고 소방헬기였으며 소방헬기 지침은 의뢰한 의사가 누구인지만 확인하면 된다. 소방헬기를 이용한 이 대표에게 닥터헬기 운영지침을 적용함으로써 의료진과 소방공무원에게 내려진 권익위의 징계는 원천적으로 잘못됐다고 분명히 했습니다.

제가 소명을 한 이후 소방청장도 이 대표의 헬기 탑승에 문제가 없었다고 발표하고 관련된 의료 기관도 징계를 받지 않는 것으로 사건은 일단락됐습니다.

하지만 윤석열 정부가 이 사건을 7개월이나 지난 시점에 다시 끄집어내서 특혜 시비를 일으킨 것은, 당시 국민권익위가 김건희 씨의 명품 가방 수수 사건을 무혐의로 종결 처리한 후 비난과 지탄의 대상이 되자 물타기 하려고 그랬던 것이 아닌가 생각합니다. 참으로 극악스러운 일이지요.

2025년 2월 대법원은 테러범에 대해 징역 15년에 보호관찰처분 5년 선고를 확정했습니다.

그러나 여전히 풀리지 않는 의혹들이 있습니다.

먼저 국무조정실 대테러종합상황실 최초 보고 문자에 사건의 심각성을 축소하는 상황보고가 담긴 배경은 무엇일까요? 사건 발생 직후, 현장을 보존해야 할 경찰이 오히려 사건현장을 물청소해버린 경위는 무엇일까요?

테러범의 배후를 제대로 수사한 것이 맞는지, 혹여 특정 종교 세력이나 정치 세력과 연루되지는 않았는지도 다시 확인해야 합니다. 마지막으로 경찰이 테러범의 신상을 비공개하기로 결정한 근거는 무엇인지도 명확하지 않습니다.

이런 의혹을 제대로 규명하지 못한 채, 테러범 개인에 대한 판결만으로 사건을 종결할 수는 없습니다. 해방 이후 발생한 암살사건이나 암살미수사건 중, 제대로 진실이 규명된 사건은 없었습니다. 이번 사건마저도 제대로 진상규명하지 못하면 암살 테러를 근절할 수 없을 것입니다. 이 사건 전면 재수사가 꼭 필요한 이유입니다.

국민권익위 국정감사(2024. 10. 8)
테러 피습을 당한 이재명 대표가 소방헬기를 이용한 것을 '특혜'로 규정한 국민권익위원회를 상대로 국정감사를 펼쳤다. 이재명 대표는 암살 테러 피해를 당하고도 권익위에 의해 다시 한번 명예훼손을 당해야했다. 윤석열 정부의 이 같은 행태는 결국 이재명 대표를 악마화하기 위한 전략의 일환이었다.

| 열하나 |

이제는 말할 수 있다

2024년, 저의 비서실장 임기가 끝나갈 무렵에 주변에서 저에게 권유했습니다.

"좀 더 하는 게 어떻겠습니까? 힘들겠지만…"

"아이고, 감사한 제안이고, 집권을 위해서라면 어떤 일이든 열심히 하겠지만, 비서실장은 다른 더 좋은 분으로 찾아봐주시기 바랍니다."

2년 동안 그의 곁에서 일하면서 제가 해야 할 일이 무엇인지, 어떤 상황이든 대표 입장에서 무엇이 필요한지 계속 고민했습니다. 그런 과정에서 자연스럽게 일체화되려고 노력한 것 같습니다. 그렇게 몰입하다 보면 그가 느끼는 고통의 일부가 짐작이 되고 느낌이 오는 경우가 있기도 합니다. 그래서 드러내놓고 제가 힘들다는 표현은 더 할 수 없었습니다.

제가 예전에 선거법 위반 혐의로 재판을 받은 적이 있습니다. 이때 몇 달 동안 한 달에 한두 번씩 재판정에 나간 적이 있었지요. 그 당시 정말 힘들었습니다. 재판을 받으러 가기 전에 스트레스를 받고, 다녀온 뒤에도 내가 대답을 잘했는지 되새겨보며 며칠 동안 힘든 시간을 보내야 했습니다.

그런데 이재명 대표는 일주일에 최소 두 번씩 재판에 참석하고 심지어 5건의 재판을 받아야 했으니 이것은 말 그대로 이재명을 법정에 가둬둔 것이나 마찬가지였습니다. 예전에 김대중 대통령이 '가택연금'을 당했다면 이재명 대표는 '법정연금'을 당했다고 해야 할 것입니다.

대통령이 되신 이후 용산 관저를 민주당 지도부와 함께

방문했을 때 대통령께 한 말씀 드렸습니다.

"대통령님, 이제는 말할 수 있습니다만…"

이재명 대통령이 짐짓 긴장한 듯 미소를 띠며 저를 바라봤습니다.

"솔직히 제가 비서실장 할 때, 대통령님이 매주 2번 정도 재판에 나가실 때가 제일 좋았습니다."

대통령도, 그 자리에 배석한 의원들도 '무슨 말인가' 싶어 뜨악한 표정으로 저를 쳐다보았습니다.

"그때는 좀 여유를 가질 수 있어 살만 했거든요. 아마도 지금 대통령실 사람들도 비슷한 심정일 겁니다."

그러자 참석자들이 모두 박장대소했습니다. 그 장면을 찍은 사진이 나중에 언론에 공개되어 화제가 되기도 했습니다.

그런데 얼마 전 이해식 의원이 제게 이런 말을 한 적이 있습니다.

"지난해 이재명 대표님이 저한테 비서실장을 맡아달라고 제안을 하셨을 때 대표님이 웃으며 이렇게 말씀하시더군요. 고생이 많은 일이지만, 그래도 제가 일주일에 두 번은 재판을 받으러 가야 하니까 그때는 숨 좀 돌릴 수 있을 거예요 라고요."

그 말을 듣고, 이재명 대통령이 당시 제 속마음을 이미 꿰뚫고 있었던 것 같아 깜짝 놀랐습니다.

이재명 대표는 자신의 재판과 관련해서는 비서실장인 저에게 전혀 부담을 주지 않았습니다. 저와 재판에 대해 상의한다거나, 저에게 재판을 대비해서 뭔가 준비해달라는 요청을 일절 하지 않았습니다. 그저 자신이 변호사들과 알아서 대응을 했지요. 저의 부담을 많이 줄여주셨죠. 이재명은 그런 사람입니다. 어떤 일을 누가 해야 하고 하지 않아도 되는지 명확하게 구분하는 분이시지요.

그렇게 재판에 참석하면서도 총선 공천 과정을 다 진행하고 국회의원 전국선거와 계양 지역선거를 치러 대승을 거두었습니다. 비유를 하자면, 수능시험을 앞두고 5일 동안 학교에서 공부하고 학원에도 가서 공부하는 학생과 일주일에 두세 번만 학교에 간 학생이 경쟁을 한 셈이지요. 그런데도 그 와중에 성공적으로 총선을 치러냈으니 정말 대단하지 않습니까.

이재명 대표는 거의 밤잠을 안 자면서까지 집중력 있게 일을 합니다. 한시도 그냥 허투루 시간을 쓰지 않습니다. 뭔가 계속 일을 하고 있고, 하다못해 생각이라도 하고 있습니다. 게다가 많은 사람들이 그에게 엄청나게 제안을 보냅니다. 그러면 텔레그램이나 문자들을 자정을 넘긴 시간까지 읽어보면서 검토하고 답변하고 전달합니다. 끊임없이 자신을 죽이려고 하는 사람들로부터 스스로 보호하면서 당을 이끌어가고 선거에서 승리하고 또 미래를 준비했던 이재명 대표의 역량을 어떻게 다 설명할 수 있을까요. 그 모습을 보면서 다수의 힘과 집단지성의 힘도 중요하지만, 나라의 운명이 뛰어난 지도자의 역량과 리더십에 따라 좌우될 수 있겠다는 생각을 많이 했습니다.

이렇듯 이재명 대통령은 아무리 힘들어도 유머를 잃지 않고, 업무의 경계를 명확하게 구분하며, 자신이 해야 할 일은 잠을 줄여서라도 끝내 해내는 스타일입니다.

이런 분과 같이 일하면 즐겁겠죠?
강훈식 비서실장과 대통령실의 많은 분들, 김민석 국무총리와 내각 장·차관분들, 정부 공무원분들의 헌신과 노고에 감사드립니다.

이재명 당대표 신년 기자회견(2024. 1. 31)

이재명 대표는 밤잠을 거의 안 자면서까지 집중력 있게 일을 하는 스타일이다. 한시도 그냥 허투루 시간을 낭비하지 않는다. 끊임없이 자신을 죽이려 했던 정적들과 맞서면서도 당을 이끌어가고 선거에서 승리하고 또 미래를 준비했던 이재명 대표의 역량을 어떻게 말로 다 설명할 수 있을까. 이재명 대표를 보면서 한 나라의 운명이 지도자의 역량과 리더십에 따라 좌우될 수 있겠다는 생각이 많이 들었다.

제2부

절체절명의 시간에
국민에게 손을 내밀다

| 열둘 |

이재명의 용인술

2024년 8월 18일, 민주당은 전당대회를 통해 85.4%의 압도적인 지지로 이재명 대표 체제 2기를 공식적으로 출범시켰습니다. 1기 체제에서 이미 2년여 간 비서실장으로 숨 가쁜 시간을 보낸 터라, 저는 2기에서는 한발 물러나 의원 본연의 직무에 좀 더 집중하겠다는 생각이었지요. 그런데 이재명 대표로부터 예상치 못한 제안을 받았습니다.

"천 실장님이 이번에는 전략기획위원장을 맡아주세요."

제22대 국회의원선거 공천장 수여식(2024. 3. 20)
2년 간의 당대표 비서실장 임기가 끝나갈 무렵, 제22대 국회의원선거가 있었다. 이때만 해도 비서실장 임기가 끝나면 의원 본연의 직무에 좀 더 집중하겠다는 생각이었지만 이후 이재명 대표 2기에 뜻밖의 전략기획위원장이라는 당직을 제안을 받을 것이라곤 전혀 생각지 못했다.

저는 이 제안에 담긴 대표의 뜻이 무엇일지 곰곰이 생각해 보았습니다.

비서실장이 대표에 맞춰 호흡하면서, 판단과 메시지를 도우며 보좌하는 역할이었다면, 전략기획위원장은 당의 집권전략을 수립하고 실행계획을 설계하는 자리였습니다.

대표가 그 자리에 저를 생각했다면, 당대표와 비서실장으로 함께 했던 시간과 인연 때문만은 아니라는 것을 누구보다 제가 잘 알고 있었기 때문에 큰 책임감과 더불어 약간의 설렘도 함께 갖게 되었습니다.

총선 승리 이후 당의 체질을 바꾸고, 더욱 커진 국민의 기대에 부응하여 효능감을 보여줘야 하는 중대한 시점이었습니다.

그런 상황에서 전략기획위원장이라는 역할에 저를 다시 불러세운 건, 지난 2년 당대표 비서실장 경험을 바탕으로 연속성을 갖고 당대표를 보좌하며, 전략 분야의 역량을 키우라는 의도라고 생각했습니다.

이재명 대표의 인사 철학은 특정 인물이나 계파에 치우치지 않습니다. 오히려 다양한 스타일과 능력을 갖춘 인재들을 적재적소에 배치하려는 실용주의적 성향이 뚜렷합니다. 한발 더 나아가 자신과 다른 성향, 다른 목소리를 낼 사람을 배치하는데도 적극적입니다. 능력만 있다면 의도적으로 배치함으로써 긴장과 다양성을 부여하려고 노력합니다.

실제로 제가 당직 개편안을 보고할 때도, 대표는 제 안을 참고하되 여러 경로를 통해 다양한 의견을 수렴한 뒤, 최종 결정을 내렸습니다. 독단적이거나 일방적이지 않았고, 철저히 성과와 역량 중심으로 심사숙고한 끝에 판단했습니다. 다만 인사와 관련하여 곳곳에서 지나치게 어필하는 인물들은 되려 인사에서 제외되는 경우를 많이 목격했습니다.

이 같은 인사 스타일은 대통령 취임 이후에도 그대로 이어졌습니다.

2025년 6월, 이재명 대통령은 강훈식 의원을 대통령 비서실장으로 임명했습니다. 당 안팎에서는 이를 두고 '파격적'이라는 평가가 나왔지요. 왜냐하면 강훈식 실장은 2022년 민주당 당대표 경선에서 이재명 후보와 경쟁했던 인물이자, '친명' 색채가 두드러지지 않았던 정치인이었으니까요. 한때 경선 상대였던 인물을 비서실장이라는 중요하고 민감한 자리에 기용한 것은 절대 쉽지 않은 정치적 선택이었습니다.

그리고 놀라운 인사가 이어졌습니다. 윤석열 정부의 송미령 농림부 장관과 오유경 식약처장을 유임하기로 결정한 것입니다. 인수위 없이 출발한 정부가 위기 상황을 기회로 바꾼 인사정책이라 할 수 있습니다. 능력이 있으면서 이재명 정부의 국정기조에 동의한다면 누구든 함께 할 수 있다는 메시지를 줌으로써 두 사람뿐만 아니라 공직사회 전체에 동요를 최소화하고 충성할 수 있도록 한 것입니다.

과거 성남시장 후보 시절의 일화도 유명합니다. 당시 이재명 후보가 성남시 행사에 참여할 때 야당이라는 이유로 자리를 안 내줘서 직접 의자를 들고 참석하면 쫓아내던 공무원이 있었다고 합니다. 성남시장에 당선된 이 시장은 이

더불어민주당 전당대회 대구·경북 합동연설회(2024. 7. 21)
24년 민주당 대표 선출을 위한 지역순회 경선이 진행되던 중이었다. 이날 오전에는 강원 지역 합동연설회가 오후에는 대구·경북 지역 합동연설회가 열렸다. 이날 이재명 후보는 강원과 대구·경북까지 합산한 누적 득표율 91.70%를 기록하며 압도적 우위를 기록했다.

후 그 공무원을 찾아 자기임무에 충실한 사람이라며 오히려 선호부서로 배치시켰다고 합니다.

이런 인사는 정파를 넘어선 포용의 리더십, 성과 중심의 실용적 인사방식을 상징하는 결정적 장면들로 평가할 수 있습니다.

이재명 대통령은 늘 이렇게 말해 왔습니다.
"국민에 대한 충직함과 유능함이 인사의 기준입니다. 나와의 친소관계는 그다음 기준입니다."

그 기준에 부합한다면 누구든 기용하고 누구든 함께 갈 수 있는 것. 그것이 이재명이라는 정치인이 가진 리더십의 중심축이며, 위기의 정국을 뚫고 돌파해 나가면서 새로운 시대를 설계할 수 있었던 그의 용인술이라고 생각합니다.

| 열셋 |

12·3 내란의 밤과 계엄 해제

"여보, TV에 윤석열이 나왔어요"
"그냥 꺼요"
"아니, 당신이 빨리 봐야 할 거 같은데요?"

방에서 문서를 작성하고 있는데 거실에서 TV를 보던 아내가 말했습니다.

2024년 12월 3일. 계엄이라는 유령이 다시 대한민국 헌정을 뒤덮은 그날 밤이었지요.

거실로 나가니 '긴급'이라는 자막이 먼저 눈에 들어왔습니다.

"마약범죄 단속, 민생 치안 유지를 위한 모든 주요 예산을 전액 삭감하여, 대한민국을 마약 천국, 민생 치안 공황 상태로 만들었습니다."

윤석열 대통령의 목소리는 평소와 달리 긴장과 불안이 묻어있었습니다. 화살은 야당을 향했고, 비난의 수위는 점점 높아졌습니다.

"자유민주주의 기반이 되어야 할 국회가 자유민주주의 체제를 붕괴시키는 괴물이 된 것입니다."

순간 머릿속에 단어 하나가 떠올랐습니다.
'계엄'

밤 10시 27분, 상황을 빨리 알려야겠다는 생각으로 즉시 핸드폰을 집어 들고 민주당 의원 텔레그램 단체방에 메시지를 보냈습니다.

'특보 윤석열 긴급 발표'

그리고 윤석열이 계엄을 선포하면 즉시 올릴 생각으로 메시지도 미리 작성해 두었습니다.

'계엄 선포'

밤 10시 27분.

"저는 북한 공산 세력의 위협으로부터 자유대한민국을 수호하고 … 파렴치한 종북 반국가 세력을 일거에 척결하고 자유 헌정질서를 지키기 위해 비상계엄을 선포합니다."

윤석열의 말이 떨어지는 순간, 준비해 둔 '계엄 선포' 메시지를 의원 단체방에 전송한 뒤, 떨리는 손으로 곧바로 다음 메시지를 써서 올렸습니다.

밤 10시 28분.

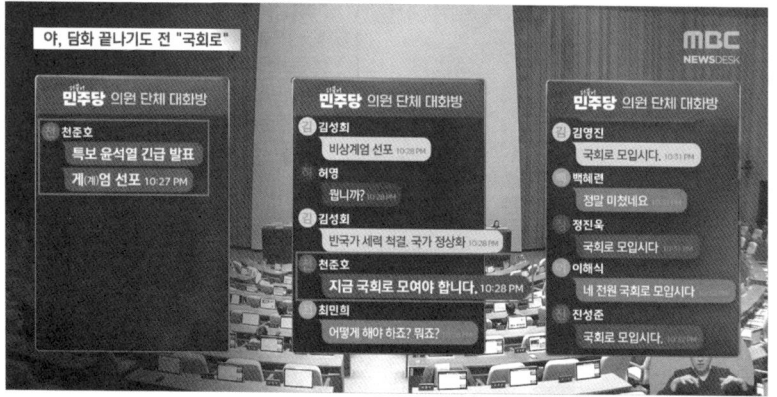

12·3 불법계엄 당시 민주당 국회의원들이 단텔방에서 나눴던 대화를 보도한 MBC 뉴스데스크(2024. 12. 19)

12월 3일 밤 민주당 국회의원들은 윤석열의 불법계엄 선포와 거의 동시에 움직였다. 천준호 의원이 가장 먼저 '계엄 선포' 사실을 알리고 '지금 국회로 모여야 합니다'라고 알렸다. 이재명 대표도 '국회로'라고 응답했다. 단텔방은 이날 밤 민주당 의원들의 긴박했던 상황을 보여준다.

'지금 국회로 모여야 합니다.'

계엄 선포 직후 지체없이 '국회로 모여야 합니다'로 행동지침을 제시했습니다. 당의 전략기획위원장으로 평소 계엄을 상상하고 대비했던 대로 대응했습니다.

김성회, 허영, 최민희, 김용민, 김준혁, 권향엽, 박상혁, 복기왕, 김영진, 백혜련, 정진욱, 이해식, 진성준 의원 등이 즉시 호응했습니다.

"바로 국회로 모여야 합니다."
"지금 국회로 가겠습니다."
"모입시다"
의원들의 메시지가 잇따랐습니다.

그리고 이재명 대표가 최고위원과 주요 당직자 방에 짧게 한마디를 남겼습니다.

"국회로"

30분 전, 저를 집에 데려다준 수행 비서관에게 다시 전화를 걸었습니다.

"지금 다시 집으로 와주세요."

전속력으로 국회로 향했습니다. 그러나 국회 정문은 이미 봉쇄돼 있었습니다.

차를 타고 담장 쪽으로 갔습니다. 담을 넘으려 했는데, 경찰이 다가와 제지했습니다. 헌법이 보장하는 국회의원 회기 중 불체포특권이 무력해질 수 있는 심각한 상황이었지만 경찰은 "출입이 불가하다"라는 말만 반복했습니다.

다시 차에 올라 국회 담장 밖을 한 바퀴 돌고 있는데 잠시 정문이 열렸습니다. 밤 11시 10분경. 국회사무처가 '의회 출입을 막는 건 헌정질서에 대한 침해'라며 계엄군과 경찰에 강력히 항의한 결과였습니다.

그 틈을 놓치지 않고, 저는 국회로 들어갔습니다. 하지만 10분 뒤 국회는 다시 봉쇄되었습니다.

그러나 얼굴에 멍이 들고 옷이 찢긴 채 담을 넘은 국회의원들, 헬기가 머리 위를 선회하고 장갑차와 계엄군이 밀려드는 상황에서도 "국회를 열어라", "민주주의를 지켜라" 외치며 맨몸으로 저항한 시민들, 이 모두가 있었기에 6시간 동안 유린당했던 대한민국 민주주의는 원래의 자리로 되돌아올 수 있었습니다.

그날 밤 긴박했던 상황을 시간대별로 복기해 봅니다.

■ **2024.12.3. 윤석열 불법 계엄 선포 및 신속 진압**

- 22시 23분 윤석열 담화문 낭독 시작

- 22시 27분 비상계엄 선포

- 22시 27분 천준호, 민주당 의원 단체 텔레방에 비상계엄 선포 알림

- 22시 28분 천준호, "지금 국회로 모여야 합니다."

- 22시 39분 이재명 대표, 당 지도부 텔레방에 "국회로"

- 22시 50분경 이재명TV 라이브 방송 개시

■ **2024.12.4**

- 01시 01분 비상계엄해제요구 결의안 상정 및 의결(재석 190명 만장일치)

- 01시 37분 이재명 대표 긴급 기자회견 위헌 위법 비상계엄 입장 발표

- 04시 27분 윤석열 대국민담화 비상계엄 해제 선포

12월 3일, 그날 밤에 대해 사람들은 이렇게 말하곤 합니다.
"국회의원들이 국회로 간 건 당연한 일이었지"
하지만 그날의 밤은 단지 당연함만으로 설명할 수 없는 시간이었습니다.
잠깐이었지만, 두려움과 책임감 사이에서 갈등했던 순간들이 여전히 선명하니까요.

저 역시 문을 나서면서 생각했습니다.
'이미 경찰이 집 앞에 와 있을지도 몰라'
마지막이 될지도 모른다는 생각으로 아내에게 인사를 하고 두터운 겨울 패딩을 챙겨 입고 집을 나섰습니다.

헌법상 국회의원은 현행범인 경우를 제외하고는 회기 중 체포 또는 구금되지 않도록 보호받지만, 정치적 폭압과 물리력 앞에선 그 권한도 무력화된 사례들이 이미 있었습니다. 1980년 5월 17일, 전두환 신군부는 전국에 비상계

엄을 확대하며 당시 야당 대표였던 김대중 전 대통령을 포함한 야당 정치인, 교수, 학생 등 2,000여 명을 일제히 연행했습니다.

멀리 갈 것도 없지요. 나중에 공개된 김용현 전 국방부 장관 공소장에는 "포승줄 및 수갑을 이용해 이재명, 우원식, 한동훈 중 보이는 인물을 먼저 체포해 구금시설로 이동시키라"라는 지시가 담겨 있었습니다. 김 장관과 여인형 방첩사령관이 사전에 내린 지시였습니다.

당시 많은 보좌진이 민주당 의원들에게 전화를 걸어서 이렇게 말했다고 합니다.

"의원님, 지금 피하셔야 합니다."

"체포될 수도 있습니다."

그날, 만약 의견이 갈렸다면, 누군가 조금이라도 망설였다면, 지금 우리는 어떤 상황에 놓여 있을까요?

그날 밤, 이재명 대표를 비롯한 민주당 국회의원들은 피하지 않았습니다. 그것은 용기이기도 했지만, 동시에 준비된 반사작용 같은 것이었습니다.

그해 여름부터 민주당 내에서는 계엄이 있을지도 모른다는 경고가 있었고, 만약 계엄이 선포되면 어떻게 해야 할지에 대한 검토가 있었습니다. 많은 언론이 비웃었지만, 만에 하나라도 있을 가능성을 대비해 미리 마련한 대비책은 단 한 가지. 신속하게 국회로 모여 재적 과반수 의원들의 찬성으로 계엄 해제를 의결하는 것이었습니다.

결국, 그날이 올 수 있다는 가정, 그 순간이 오면 무엇을 해야 할지에 대한 판단. 그 모든 것이 이미 마음속에 자리하고 있었기에, 우리는 주저 없이 국회로 향할 수 있었던 겁니다.

| 열넷 |

계엄의 시그널

계엄령이 선포되기 석 달 전인 2024년 9월 2일, 저는 MBC 라디오 〈김종배의 시선 집중〉에 출연해 계엄의 가능성에 대해 언급했습니다.

"여러 가지 정황을 통해 계엄의 가능성에 대한 제보를 듣고 있습니다."

이는 전날, 한동훈 당시 국민의힘 대표와의 회담에서 이재명 대표가 한 발언과 관련한 질문에 대한 답변을 한 것이었습니다.

"최근에 계엄 이야기가 자꾸 나옵니다. 그런데 종전에 만들어졌던 계엄안을 보면, 계엄 해제를 국회가 요구하지 못하도록, 계엄 선포와 동시에 국회의원들을 체포·구금하겠다는 계획도 있었다고 합니다."

이재명 대표의 이 같은 발언에 대해 대통령실은 즉각 반박했지만, 저와 민주당 내에서는 그 말이 단순한 추측이 아니라 여러 정황과 제보, 그리고 합리적 의심에 기반한 것임을 알고 있었지요.

계엄은 어느 순간부터 과거의 사건이 아니라, 충분히 되풀이될 수 있는 현실로 다가오고 있었습니다. 그 의심이 더욱 구체화된 계기는 김용현의 국방부 장관 임명이었습니다. '하필 왜 지금?'이라는 의문이 제기됐습니다.

당시 김용현은 실무 경험이나 역량에서 국방부 장관과

는 거리가 먼 인물로 평가받았습니다. 지금까지 대통령 경호실장을 하다 바로 국방부 장관으로 임명된 예는 없었습니다. 낙점한 이유는 오직 하나, 대통령과의 개인적 인연뿐이었지요. 이 인사는 정치적으로 분명한 메시지를 던지고 있었습니다.

"충성도가 실력보다 우선이다."

사실 그 이전부터 수면 아래에 감춰진 이상 징후들은 끊임없이 감지되고 있었습니다.

제22대 국회의원 총선이 끝나자마자 대통령 비서실장으로부터 연락이 왔습니다. 이재명 대표와의 영수회담을 추진하겠다는 의사를 전해온 것이었습니다. 당시 당대표 비서실장이었던 저는 이재명 대표의 지시에 따라 회담 준비에 착수했습니다.

첫 실무협의에서 대통령실 홍철호 정무수석에게 10여

김용현 국방부장관 후보자 인사청문회(2024. 9. 2)
김용현 등 훗날 계엄의 주역들은 이날 '계엄은 없다'며 매우 오만한 답변 태도를 보였다. 거기에 이미 계엄의 징후가 담겨 있었다.

개의 영수회담 의제를 전달하고 다음 실무협의에서 양측의 입장을 조율하자고 제안했습니다.

하지만 정무수석은 두 번째 실무협의에서도 의제에 대한 의견을 가져오지 않았습니다.

"대통령께서 영수회담에서 의제 제한 없이 이 대표님의 의견을 충분히 경청하겠다고 합니다."는 입장을 반복했습니다.

국민의 기대에 부응한 성과를 내는 것보다 만남 그 자체에 의미를 두려는 듯 보였습니다.

"대통령과 이재명 대표의 모두 발언은 공개하고 이어 비공개 회담으로 진행하시죠. 모두 발언의 시간은 몇 분으로 할까요?" 저의 질문에 대해서도 정무수석은

"얼마든지 하고 싶은 만큼 말씀하세요. 대통령께서는 잘 듣겠다고 하십니다."라고 답변했습니다.

이렇게 해서 영수회담 형식에 대해 합의가 이루어졌습

니다.

　영수회담을 앞두고 역대 회담을 분석해 보니 야당에 남는 것은 결국 '모두 발언'이었습니다. 그래서 모두 발언 공개와 시간 확보가 필요했는데 우리로서는 실무협의가 성공적으로 마무리된 셈이었습니다.

　2024년 4월 29일, 윤석열 대통령과 이재명 대표의 영수회담이 열렸습니다. 윤석열 정권 출범 2년 만에 처음 열린 회담이었습니다.

　이재명 대표는 준비해 온 모두 발언을 읽어 내려갔습니다.
　"20분이면 올 거리인데 여기까지 오는 데 700일이 걸렸습니다. 총선에 나타난 국민의 뜻을 전달 드리려고 하니 불편하시더라도 잘 들어주시기 바랍니다. 정치를 복원하고 민생위기 극복에 집중하는 국정기조의 전환을 당부드립니다."라는 취지의 말로 포문을 열었습니다.
　10여 분에 걸쳐 국정 전반 현안과 실정에 대한 국민의 뜻을 조목조목 차분하면서 품격 있는 어조로 윤 대통령에게 전달 했습니다. 당시 모두 발언 영상을 최근에 다시 보면서 윤 대통령이 이때 이미 쿠데타를 결심했을 수도 있었겠다는 생각이 들었습니다. 이 대표의 단호하면서도 직설적인 요구에 윤 대통령의 표정에서 긴장감이 감돌았고, 향후 극단적인 결정을 내릴 수도 있겠다는 느낌을 받았기 때문입니다.

그러나 이어진 비공개 회담에서 윤 대통령의 태도는 매우 실망스러웠습니다. 이 대표가 언론탄압에 대해 우려를 표명하자, 윤 대통령은 검사 시절 이야기부터 시작해 장황하게 답변을 이어갔습니다. 이재명 대표가 어떤 질문을 던져도 윤 대통령은 계속해서 장광설을 늘어놓는 형식의 대화가 진행되었고, 전체 발언의 80% 이상을 윤 대통령이 차지하는 웃지 못할 상황이 벌어졌습니다. 결국, 야당 대표의 목소리를 듣겠다는 취지는 온데간데없이 사라졌습니다. 예상했던 대로 '이재명 대표의 모두 발언'만 남게 됐습니다.

저는 이 회담을 준비하며, 국정 전환의 출발점이 되길 기대했습니다. 그러나 회담의 흐름과 이후 정부 여당의 행보를 보면, 정권 차원의 노선 수정이나 협치 의지는 찾아보기 어려웠고, 오히려 총선 참패 이후 국면 전환을 위한 단기 이벤트로 활용된 것이 아닌가 하는 인상을 지울 수 없었습니다.

이후 상황은 더 나빠졌습니다. 영수회담이 끝나자마자 검찰은 이재명 대표에 대한 압수수색을 재개했고, 야당에 대한 탄압은 더욱 노골화되었습니다. 총선에서 참패한 정권이라면 통상적으로 기조를 바꾸거나 유화책을 꺼내야 할 텐데, 윤석열 대통령은 더 강경하게 밀어붙였습니다.

'도대체 뭘 믿고 저렇게 세게 나오는 거지?'

윤석열 대통령이 공식 석상에서 반복적으로 사용하던 '반국가 세력'이라는 표현 역시, 단순한 정치적 수사를 넘어 야당과 반대 세력을 잠재적 탄압 대상으로 규정하려는,

전략적 언어로 들렸습니다.

계엄에 대한 위기의 징후가 뚜렷해지자, 당내에서는 2017년 박근혜 정부 당시 작성된 계엄령 대비 문건을 다시 꺼내 검토했습니다.

당시 기무사령부가 작성한 이 문건에는, 촛불집회를 무력으로 진압하기 위한 계엄령 시행 계획이 구체적으로 담겨 있었습니다. 국회의 계엄 해제 시도를 원천 차단하기 위해 집회·시위 참석 및 반정부 활동 금지 포고령을 선포하고 이를 위반한 의원들을 집중 검거 후 의결정족수 미달을 유도한다는 계획도 포함되어 있었습니다.

이는 결국 계엄 해제를 의결하려면 '재적 의원 과반수의 찬성'이 필요하다는 점을 악용한 것이었습니다.

즉, 계엄령이 선포되는 즉시 국회의장과 국회의원들이 바로 국회에 집결해 회의를 열지 못한다면, 해제는 사실상 불가능했던 겁니다.

이재명 대표를 비롯해 저와 여러 민주당 의원들은 언론

인터뷰 등을 통해 계엄에 대한 우려를 꾸준히 제기했습니다. 그 음모를 사전에 무력화하려는 정치적 경고였습니다.

하지만 우리의 예상보다 위기는 더 빨리 찾아왔습니다. 12월 3일, 그날 밤 민주당 의원들은 국회로 향했습니다. 우리에겐 준비된 반사행동과 위기에 맞서는 민주주의 본능, 그리고 무엇보다 국민 앞에 책임을 다하겠다는 각오가 있었습니다.

윤석열 정권 출범 2년 만에 처음 열린 영수회담(2024. 4. 29)

윤석열 정권에서 처음 열린 영수회담을 계기로 국정기조 전환이 이뤄지길 기대했다. 그러나 회담 이후에도 여야 협치에는 진전이 없었고, 국정기조 전환도 이뤄지질 않았다. 상황은 더 나빠졌다. 영수회담이 끝나자마자 검찰은 이재명 대표에 대한 압수수색을 재개했고, 야당 탄압은 노골화됐다. 결과는 예상대로 이재명 대표의 '모두 발언'만 남는 영수회담으로 끝나고 만 것이었다. 이로부터 7개월 후 12.3 불법계엄이 발생했다.

| 열다섯 |

그날,
이재명의 판단

"지금 국회로 모여야 합니다."

계엄령이 현실로 다가왔던 그 밤, 저는 텔레그램 민주당 의원 단체방에 이렇게 적었습니다.

의원들의 메시지가 이어졌습니다. 그리고 저의 두 번째 행동지침 메시지를 10시 38분 텔레그램 방에 올립니다.

"보좌진도 다 국회로 모여야 합니다."

사태가 어떻게 전개될지 한치도 예측할 수 없는 상황이었기에, 보좌진들의 신속한 상황 공유와 물리적 방어선 확보가 절실했습니다.

이재명 대표가 단톡방에 짧은 메시지를 남긴 건 밤 10시 39분.
"국회로"

이 짧은 글 뒤에 위기의식과 함께 큰 결심이 담겨 있었음을, 저는 직감적으로 느낄 수 있었습니다.

여의도에 도착한 이재명 대표는 국회 정문 대신, 의원회관 뒤편 담장을 넘는 동선을 택했습니다. 그는 당시 '대표권한대행' 순번을 20번까지 준비해 두었습니다. 자신의 신변에 이상이 생기면 곧바로 의결이 진행될 수 있도록 비상 매뉴얼을 마련한 겁니다.

이재명 대표는 국회 경내에 대기하면서 실시간으로 의원들의 도착 현황을 확인했고 정족수가 채워졌다는 보고가 들어오자, 지하 통로를 이용해 국회 본청으로 이동했습니다.

12월 4일 새벽 1시.

국회는 계엄 해제 결의안을 통과시켰고 이재명 대표는 그 즉시 입장문을 발표했습니다.

"원래부터 비상계엄 선포는 위헌·무효이지만 이번 국회 의결로 위헌·무효임이 한번 더 확인된 것입니다. 저와 민주당 국회의원, 그리고 많은 이들이 목숨을 걸고 민주주의와 이 나라의 미래와 국민의 안전과 생명, 재산을 지켜내겠습니다."

그리고 그날 오후, 민주당은 윤석열 전 대통령에 대한 탄핵소추안을 발의했습니다. 이 모든 급박한 대응의 중심에는 그의 냉정한 판단과 단호한 결단이 있었습니다.

하지만 제가 생각하기에 그날 밤, 이재명 대표의 리더십이 가장 빛났던 순간은 따로 있었습니다.

12월 3일 밤, 위급한 상황에서 국회로 향해야 했던 이재명 대표는 경호 인력이나 공식 차량을 동원할 수 있는 상황이 아니었습니다. 워낙에 긴박한 상황이기도 했고, 혹시

라도 계엄군이 검문이나 검거를 할 수 있었기 때문입니다.

그래서 운전대를 잡은 사람은 김혜경 여사였습니다. 자가용을 타고, 여의도로 향하는 길, 그 길이 남편에게 어떤 운명으로 이어질지 누구도 장담할 수 없었을 겁니다. 단순한 정치적 위기가 아닌, 신변의 위협이 목전에 있는 상황이었으니까요.

이재명 대표가 라이브 방송을 켰을 때 옆에서 훌쩍이는 소리가 잦아들지 않았던 이유가 그 때문입니다. 김혜경 여사는 사지를 향해 가는 남편에 대한 염려와 두려움과 같은 감정이 복받쳐 연신 훌쩍인 것이었습니다.

"국민 여러분, 지금 국회로 와주십시오!"

이재명 대표는 아내의 눈물을 뒤로하고 라이브 방송으로 국민에게 직접 도움을 청했습니다.

절체절명의 순간, 누구보다 먼저 국민을 떠올리고 그들에게 손을 내민 것입니다.

그 짧은 방송이 일파만파로 이어지며 수많은 시민이 국

회 앞으로 몰려들었습니다.

그들은 맨몸으로 장갑차와 계엄군의 진입을 막아섰습니다. 담장을 넘는 국회의원의 손을 잡아 올려주며 "계엄을 해제하라"라고 외쳤습니다. 밤새도록 국회 앞을 지킨 시민들이 있었기에, 국회는 그 기능을 온전히 수행할 수 있었습니다.

그 장면을 지켜보며, 저는 그 위기의 순간에 가장 먼저 국민을 떠올렸다는 사실에 감탄하지 않을 수 없었습니다. 그것은 단순한 정치적 판단이나 기민함을 넘어서는 차원의 선택이었습니다. 평소에도 국민과의 소통에 익숙했던 대표였지만, 단순한 소통을 넘어 사태의 본질과 흐름을 꿰뚫는 통찰이 있었기에 가능한 판단이었습니다.

"계엄 해제든 탄핵이든 결국 국민이 막고, 바꾸고, 지켜내는 것입니다."

이재명 대표의 예측은 정확했습니다. 수많은 시민이 응

비상계엄 직후 라이브 방송으로 대국민 호소하는 이재명 대표(2024. 12. 3)
비상계엄이라는 혼란스러운 상황에서 이재명 대표는 라이브 방송으로 직접 대국민 호소를 하며 도움을 청했다. 300만 명의 국민들이 이 영상을 시청했다. 많은 국민들이 국회로 달려와 계엄 해제와 함께 국회가 기능을 수행하는 데 일조했다.

원봉을 들고 여의도를 가득 메웠지요. 그리고 국민의 압도적인 지지와 압박 속에 탄핵소추안은 국회를 통과했습니다.

헌법재판소의 탄핵 심판이 진행되는 동안에도 국민은 민주주의의 든든한 방어선이 되어 주었습니다. 우리 국민은 끝내 민주주의를 지켜냈고 결국 빛의 혁명을 완성할 수 있었습니다.

그날 밤, 이재명과 국민이 보여준 공감과 연대는 대한민국 헌정질서의 마지막 방어선이자, 새로운 시대의 시작이었던 겁니다.

■ 윤석열 탄핵안 가결

- 2024.12.7. 탄핵소추안 1차 의결 – 투표 불성립

    (국민의힘 의원 108명 중 105명 표결 불참)

- 2024.12.7. 민주당, 로텐더홀 규탄 집회 등 탄핵 의결 촉구 비상 행동

여의도를 물들인 수많은 인파와 탄핵 촉구 불빛(2024.12.8)
국회 앞에서 열린 윤석열 탄핵 및 구속을 촉구하는 촛불문화제. 1차 탄핵소추안이 국회에 상정되던 밤, 많은 국민들이 손팻말과 응원봉을 들고 '빛의 혁명'을 위해 국회 앞에 모였다.

- 2024.12.14. 탄핵소추안 2차 의결 – 가결

  (300명 표결 참석 : 찬성 204표, 반대 85표, 무효 8표, 기권 3표)

■ **탄핵안 가결부터 파면 선고까지**

- 2025.12.26. 민주당 주도 국회, 헌법재판관 3인 임명안 가결
- 2025.12.27. 한덕수 권한대행, 헌법재판관 임명 거부 ⇒ 한덕수 국무총리 탄핵소추 가결(재석 192명 만장일치)
- 2025.12.31. 최상목 권한대행, 헌법재판관 2인 임명
- 2025.1.3. 공수처, 윤석열 1차 체포영장 집행 시도, 경호처 방해로 실패
- 2025.1.15. 10:33 공조본, 2차 체포영장 집행(헌정 최초 현직 대통령 체포)
- 2025.1.19. 02:59 서부지법, 윤석열 구속영장 발부
- 2025.1.19. 03:10 극우세력, 서부지법 폭동
- 2025.3.1. 야5당 윤석열 파면촉구 장외집회 매주 개최
- 2025.3.7. 법원, 윤석열 구속 취소 결정
- 2025.3.8. 검찰, 윤석열 석방 지휘
- 2025.3.9. 민주당, 24시간 비상 행동 돌입

(매일 비상의원총회 개최 및 광화문 집회 참석 후 국회의원 릴레이 발언 주최 등)
- 2025.3.12. 민주당, 광화문 천막농성(최고위), '내란수괴 파면촉구 국회의원 도보 행진'(국회의사당~헌법재판소) 돌입
- 2025.4.4. 헌법재판소, 만장일치 윤석열 파면 선고

제3부

무거운 시간을 유쾌하게 버텨낸
명랑한 이재명

| 열여섯 |

반전의 매력,
명랑한 이재명

사람들은 제게 자주 묻습니다.

"이재명 대통령님 실제 성격은 어때요?"

저는 늘 같은 대답을 합니다.

"유쾌하고 명랑한 분이세요."

실제 이재명은 회의 중에도 종종 농담을 던지고 개구쟁이처럼 장난기 가득한 눈빛으로 주변을 웃게 만드는 사람입니다.

그런데 얼마 전까지만 해도 사람들 머릿속의 이재명은,

그와는 정반대였습니다. 날카롭고 단호하며 너무나 경직돼 보이는 사람. 사람들의 뇌리에 이렇게 박힌 이유는 무엇이었을까요?

정치에 발을 들인 순간부터, 이재명은 조금의 경쾌함조차 '가볍다', '경박하다'라는 비난으로 돌아오는 상황을 여러 번 겪어야 했습니다. 이른바 '막말 프레임'이나 '쇼맨십'이라는 단어들이 항상 그를 따라다녔습니다.

그 이면엔 '출신'에 대한 왜곡된 시선이 깔려 있었던 것 같습니다. 노무현 대통령이 '촌스럽다', '품격이 없다'라는 공격을 받았던 것처럼, 이재명 대통령 역시 소년공 출신을 향한 사회의 편견에 시달려야 했던 것이죠.

당대표로서 윤석열 정권과 마주하며 야당 정치인으로 싸워야 했던 최근 3년의 시간은 또 어땠을까요? 매 순간 생존을 걸고 싸워야 했던, 그야말로 '죽느냐 사느냐?'의 승부였습니다.

그 치열함 속에서 언론에 비친 이재명의 모습은, 재판에 출석하거나 정치적 공세에 맞서는 모습들이었을 겁니다. 웃는 얼굴은커녕, 사람 냄새 나는 장면은 좀처럼 비칠 틈이 없었습니다.

하지만 대통령이 된 지금, 본래의 모습이 조금씩 되살아나는 것 같습니다. 정치 전선에 가려졌던 유쾌함, 재치, 따뜻함이 여지없이 드러나고 있으니까요.

지난 6월, 대통령에 당선되고 불과 10일 만에 G7 정상회의에 초청된 이재명 대통령이 각국 정상들과 어깨를 나란히 하며 환하게 웃는 모습이 공개됐습니다. 회의장 안팎에서 특유의 친화력으로 분위기를 부드럽게 만들고, 때론 상대국 정상의 웃음까지 끌어냈습니다.

정상회의를 마치고 돌아온 날도 마찬가지였습니다. 새벽 귀국길에 마중 나온 강훈식 비서실장을 보자마자 "나 없어서 좋았다면서요?" 하며 익살스러운 인사로 모두를 웃게 하기도 했습니다.

첫 국무회의. 윤석열 정부에서 임명된 국무위원들과 다소 어색한 만남 속에서도 그는 "좀 어색하죠. 우리 좀 웃으면서 합시다"라며 분위기를 풀었습니다. 불편할 수 있는 자리에서도 유쾌한 한마디로 장벽을 허문 것입니다.

광폭 행보 속에서도 마찬가지입니다. 기자들과의 간담회, 기업 현장 방문, 민생 행보 곳곳에서, 그는 특유의 입담과 유머로 사람들의 긴장을 풀고, "나를 형이라고 생각해요"라며 농을 던지기도 합니다.

사실 이 대통령의 유쾌함은 저에겐 낯선 것이 아닙니다. 참모들 사이에서는 그의 농담 한마디에 긴장이 풀리는 일이 다반사고, 회의실은 자주 웃음으로 채워지곤 했습니다. 그 기억을 가진 저에게 요즘 화면으로 만나는 그는 '내가 알고 있는 이재명'을 보는 것 같아 참 반갑습니다. 더 이상 '살아남는 법'을 고민하던 정치인이 아니라, 국민과 '함께 웃는 법'을 나누고 있는 대통령으로서 말입니다.

"이재명은 어떤 사람입니까?"

누군가가 저에게 또 이 질문을 해온다면 앞으로는 이렇게 답할까 합니다.

"이재명, 그는 고난의 시간을 버텨낸 매우 유쾌한 사람입니다."

제100회 최고위원회의를 마치고 한 기념 촬영 (2025. 4. 9)
이재명 대표는 제100회 최고위원회의를 끝으로 당대표직을 사임했다. 제21대 대통령 선거 출마를 위해서였다. 이 대표는 "3년간 당대표로서 성과 있게 재임할 수 있게 돼 감사하다. 당직자·당원·최고위원·의원·지역위원장 모두가 고생해 준 덕분"이라고 말했다. 이어 "우리가 겪는 어려움도, 우리 국민께서 과거에 역경을 이겨낸 위대한 DNA를 발휘해서 빠른 시일 내에 이겨낼 거라 믿고 저도 그 역경에 함께 하겠다"고 말했다.

| 열일곱 |

조기대선,
중도 실용으로 승부

윤석열 전 대통령 탄핵 이후, 대한민국은 사상 초유의 조기 대선 국면을 맞이했습니다. 당의 전략기획위원장이었던 저는, 이번 선거의 의미와 성격 규정, 전략과 메시지를 정립하는 데 집중했습니다. 우리는 이번 선거를 단순히 권력 교체의 경쟁이 아닌, 내란을 종식해 헌정질서를 회복하고 경제와 민생의 위기를 극복해 대한민국 성장을 이뤄야 하는 역사적 의미가 있다고 보았습니다.

한마디로, 이번 조기대선을 '내란 심판, 위기 극복을 위한 선거'로 규정했습니다.

윤석열 정권이 벌였던 계엄 시도와 국회 점거, 그리고 국회의 기능이 사실상 마비되었던 일련의 사태들. 이는 단순한 실책이 아닌 헌정질서 파괴이자 내란 행위였고, 이 세력을 국민의 손으로, 투표로서 심판하는 것이 '탄핵의 완성'이자 '내란 종식'이라는 판단이었습니다.

그러나 그것만으로는 충분하지 않았습니다. '누가 지금의 경제·민생 위기를 가장 잘 돌파할 수 있는가?' 역시 매우 중요한 과제였습니다.

이재명 캠프는 국민이 고통받고 있는 민생과 경제문제를 가장 잘 해결할 수 있는 사람이자 위기 극복의 적임자로서의 이재명을 부각시키기로 했습니다.
그리고 함께 내건 전략이 바로 '중도 실용'이었습니다.
아스팔트 극우 세력의 지지를 받는 김문수가 후보가 되었고 국민의힘도 내란 동조 입장을 유지하며 극우화된 상황임을 고려했습니다. 이대로 방치하면 합리적 보수까지 극우화될 수 있다고 보았습니다. 중도층을 넘어 합리적 보수층까지 설득하고 지지를 확보하고자 했습니다. 이는 잠재적 지지층을 확장해 정권교체 이후 원활한 국정운영을 위해서도 꼭 필요한 전략이었습니다.

이를 위해 저는 이재명 후보의 중도 실용 전략의 내용을 세 가지로 정의했습니다.

첫째, 경제와 민생을 우선하는 것
둘째, 보수 정책이든 진보 정책이든 문제 해결에 유용하면 적용하는 것
셋째, 대화와 타협을 통해 갈등 과제 및 문제 해결을 모색하는 것

'중도 실용'은 대선 당시 이재명 후보의 일정과 메시지, 그리고 정책에 일관되게 투영되었고 그 행보의 배경과 의미를 설명하는 중요한 근거로 활용되었습니다. 개인적으

로는 지금 시점에서도 이재명 대통령을 가장 잘 설명하는 용어 중의 하나라고 생각합니다.

중도 실용 노선은 내부적으로도 적지 않은 논란을 낳았습니다.
"보수 흉내 내는 것 아니냐", "민주당의 정체성이 모호해지는 것 아니냐"는 우려도 있었습니다.

저는 확신했습니다.
지금 국민에게 필요한 건 좌우 이념이 아니라, 함께 위기를 헤쳐나갈 해법과 실천 의지라는 것을 말입니다.
"지금 대한민국에 진정한 보수정당은 없습니다. 국민의힘은 보수만 칭할 뿐, 극우 정당의 길을 걷고 있습니다. 지금은 민주당이 건전한 보수, 합리적 보수의 영역까지 확장해 비어 있는 오른쪽을 채워야 할 때입니다."

사실 중도 실용 노선은 갑자기 만들어진 것이 아닙니다.

김대중 대통령, 문재인 대통령, 이해찬 대표에 이르기까지, 민주당은 늘 진보적 가치를 지향하면서도 실용주의의 길을 걸어왔습니다.

국익과 민생 앞에서는 이념보다 해법이 우선이라는 그 일관된 철학이 이번 조기 대선에서도 흐르고 있을 뿐이었습니다.

우리는 끝까지 물었습니다.
"이 선거는 왜 하는가?"
"국민이 진짜 원하는 건 무엇인가?"

그 질문에 대한 대답은, 이재명 후보를 중심으로 내란을 심판해 헌정질서를 회복함과 동시에 경제 위기, 민생 위기를 극복해 모두가 행복한 진짜 대한민국을 만드는 것이었습니다.

중앙선거대책위원회 총괄본부장단 회의(2025. 5. 27)
제21대 대통령 선거를 앞두고 당에서는 총괄선대위원장 7명에 공동선대위원장만 20명에 달하는 중앙선거대책위원회를 출범했다. 이때 진보 진영은 물론 중도와 보수 인사들까지 대거 영입했다. 중도 실용 노선 기조가 담긴 선대위로 평가받았다.

| 열여덟 |

선거의 흐름을 바꾼
기자회견

공식 대선 선거 운동 기간이 시작되고 초반에는 이재명 후보가 압도적 1위를 달렸습니다. 그런데 중반에 접어들자 2위 후보와의 지지율 격차가 줄어들기 시작했습니다. 사실 처음부터 예상했던 일이었고 선거 전략적 관점에서 자연스러운 상황이었습니다.

선거 초반에는 국민의힘의 후보 교체 파동의 여파로 김문수 후보는 국민의힘 정당 지지율만큼도 지지세를 확보하고 있지 못했습니다. 하지만 시간이 흐르고 극우 지지층을 넘어 보수 지지층의 결집이 시작되면서 김문수 후보의 지지율이 조금씩 오르기 시작했습니다. 동시에 이재명 후보에 대한 극심한 네거티브와 흑색선전이 난무했습니다. 여기에 국민의힘과 보수 언론들이 합세하여 민주당이 집권하면 입법과 행정을 장악하는 것은 물론 사법 권력까지 장악하려 할 것이라는 소위 '독주 프레임'을 내세우며 공격했습니다.

당시 저는 대선 선대위의 전략본부장이었는데 그런 상황에 놓이자 고민하지 않을 수 없습니다. 돌파구가 필요했습니다. 그래서 이번 대통령 선거의 역사적 의미를 다시 상기시키고, 상대가 만든 부정적 프레임을 전환시키는 것과 동시에 우리 후보의 비전과 긍정적 메시지를 부각할 계기가 필요했습니다. 가장 좋은 수단은 후보의 기자회견이었습니다.

함께 일하면서 느낀 점이지만, 이재명 대통령은 말을 참 잘하는 분입니다. 말의 기술이 좋다는 것보다 '필요한 시기에 필요한 말을 한다'는 의미에서 그렇습니다.

  5월 25일, 이재명 후보의 기자회견이 열립니다. 이때 실무진 선에서 기자회견문의 기조를 잡아 드리고 답변 참고 자료를 준비해 드리지만, 자유롭게 이루어지는 질의응답은 후보의 역량에 맡겨진 부분이 매우 많습니다.

이날 기자회견의 요지는 이러했습니다.

제가 만약 국민의 선택을 받게 된다면, 가장 먼저 대통령이 지휘하는 '비상경제대응 TF'를 구성할 것입니다. 즉시 실행 가능한 민생경제 대책을 신속히 마련해서, '불황과 일전을 치른다'는 그런 신념으로 내수 침체에 적극 대응할 것입니다.

이번 선거는 '분열과 갈등의 시대'를 끝내고 '통합의 시대'를 여는 전환점입니다. 저는 무도한 분열의 정치를 끝낼 적임자라고 자부합니다.

대통령 선거기간 마지막 기자회견(2025. 5. 25)
선거 중반에 이르자 2위 후보와의 지지율 격차가 줄어들기 시작했다. 선대위 전략본부장으로서 돌파구 마련이 필요했다. 이번 대통령 선거의 역사적 의미를 다시 상기시키고, 상대가 만든 부정적 프레임 전환을 목표로 이재명 후보의 기자회견을 준비했다. 이날 기자회견문과 질의응답의 내용이 모두 좋았다. 이날 회견으로 흐트러진 선거 캠페인의 기조를 정리하고 분명히 함으로써 선거 승리의 흐름을 굳힐 수 있었다.

대통령의 권력을 분산시켜서, 대통령 거부권 제한, 국무총리 국회 추천제, 검찰경찰방송통신위원회 등에 대해 국회 임명 동의 절차를 마련하겠습니다.

대한민국 체제와 국민 생명을 위협한 내란 세력의 죄는 단호하게 벌하되, 특정인을 겨냥해 과녁으로 삼는 정치 보복은 결단코 없을 것입니다.

저는 성과주의자입니다. 실적을 통해서 국민으로부터 평가받기를 원합니다. 제가 살아가면서 만족감과 행복을 느끼는 삶의 형태는 누구를 괴롭히는 것에서 오지 않습니다. (중략) 저는 국민들에게 칭찬받는 훌륭한 정치인으로 남고 싶습니다.

이날 기자회견문과 질의응답의 내용이 모두 좋았습니다. 대통령 선거기간 한가운데에 열렸지만 대선 이후 국정 운영의 방향을 예측하는 데도 도움이 될 만한 내용을 담고 있습니다. 이날의 회견을 통해 흐트러진 선거 캠페인의 기조를 재정리하고 분명히 함으로써 선거 승리의 흐름을 굳힐 수 있었다고 평가합니다.

얼마 전 제가 민주당 대통령 선거 선대위 전략본부장으로 〈뉴스 공장〉에 출연했을 때 김어준 총수가 농담처럼 이런 말을 한 적이 있습니다. 이재명 후보가 워낙 전략적 사고를 하는 분이라 전략본부장인 천준호 의원이 할 일이 별로 없겠다고 말이지요. 사실은 그래서 더 힘들었습니다. 제가 본 이재명은 매 순간 전략적 사고를 하는 스타일입니다. 지금 당장의 것보다는 우리가 하려는 중장기적이고 궁극적인 목적에 필요하거나 부합하는 선택과 말이 어떤 것인지를 늘 고민하는 사람입니다. 그렇기 때문에 말에도 허언이나 실언이 잘 섞이지 않고 결과적으로 했던 말을 지키게 될 가능성도 높아지게 됩니다.

앞으로도 마찬가지일 것입니다. 이재명의 말이 제대로 잘 실천될 수 있도록 저도 함께 노력하겠습니다.

| 열아홉 |

닮은 듯 다르다, 노무현과 이재명

2025년 5월 23일, '노무현 대통령 서거 16주기'. 대통령 선거운동 기간 누구보다 바빴던 이재명 후보는 이날 남쪽 끝 봉하로 향했습니다.

"사람 사는 세상을 만들겠다는 그 꿈, 제가 이어가겠습니다."

추모의 메시지는 짧았지만, 노무현 대통령의 묘역 앞에 고개를 숙인 이재명의 모습은 분명 결의에 차 있었습니다.

이재명 후보는 종종 노무현 전 대통령과 닮은 인물로 평가됩니다. 변방에서 올라온 이력, 거친 삶을 통과한 정치인, 기존의 정치 문법과 다른 언어를 구사하는 인물이라는 점에서 두 사람은 분명 유사합니다.

노무현 전 대통령이 보여준 소탈함과 탈권위주의는 지금도 많은 이들의 기억에 남아있습니다.

얼마 전 우연히 본 유튜브의 짧은 영상 하나가 그 기억을 되살리더군요. 당시 노무현 대통령은 기자들과 간담회를 마친 뒤, 현장에 있던 기자 한 명 한 명과 악수하며 인사를 건넸습니다.

그때 그의 눈에 한 기자가 들어왔습니다. 기자회견장 한쪽에 앉아 급하게 기사를 송고하던 기자였습니다. 주변을 살필 겨를도 없던 그 기자 앞에서 노무현 대통령은 발걸음을 멈추었습니다.

뒤늦게 이 상황을 알게 된 기자가 놀란 눈으로 보자, 노 대통령은 따뜻한 눈빛으로 손을 내밀었습니다. 기자에게 인사를 하기 위해 찾아와 기다리고 있었던 겁니다. 그 기자는 그런 노무현을 잊을 수 없다고 했습니다. 노무현 대통령은 그런 감동을 주는 사람이었습니다.

저는 그 영상을 보고 생각했습니다. 이재명 대통령이었다면 어땠을까. 그 역시 노무현 대통령처럼 그 기자를 찾아가 기다려주었을까. 제 생각이지만 그렇지 않았을 겁니다. 왜냐하면, 이재명은 시간을 다르게 인식하는 사람이기 때문입니다.

그는 자신에게 주어진 1시간은 곧 국민 5,200만의 시간이라고 생각합니다. "나의 시간은 곧 국민의 삶을 바꾸는 도구"라고 인식합니다.

따라서 하나의 회의, 하나의 메시지, 하나의 정책 결정도 허투루 하지 않으려 합니다.

사람 사이의 거리에서 감동을 주는 노무현의 따뜻함과는 또 다른 리더십입니다.

두 사람은 닮은 점도 있지만, 다릅니다.
불평등과 특권에 맞서고, '사람 사는 세상'을 지향하며,

국민 개개인의 삶에 실질적인 변화를 만들어야 한다는 점에서 두 분은 같은 이상을 품고 있습니다.

그러나 그 이상을 실현해 나가는 방식에서는 차이 또한 뚜렷합니다.

노무현 대통령이 '탈권위와 소탈함'으로 국민에게 다가갔다면, 이재명 대통령은 '성과와 문제 해결'을 통해 국민에게 인정받고자 할 것입니다.

노무현 전 대통령 묘역에 헌화하는 이재명 후보(2025. 5. 23)
이재명 후보는 노무현 전 대통령 서거 16주기를 맞이해 묘역을 방문하고 참배했다.
"요즘 정치가 정치가 아닌 전쟁이 돼 가는 것 같아 마음이 불편하다", "(정치는 상대를) 존중하는 것이 기본인데, 상대를 제거하려는 잘못된 움직임이 역사적으로 여러 번 있었다"면서 "희생자 중 한 분이 노무현 전 대통령"이라 말하며 눈물을 훔쳤다.

| 스물 |

이재명 정부의 성공을 예감하는 이유

하나. 순천 빗속 유세, 폭우 속에 마주한 진심

대통령 선거를 보름 앞둔 2025년 5월 15일. 이재명 후보는 전남 순천 연향동 유세 현장에 섰습니다. 온종일 비가 쏟아지던 날이었지요.

유세 시작 전부터 시민들은 자리를 지키고 있었습니다. 후보가 도착할 즈음에는 수천 명이 넘는 인파가 모였습니다. 빗줄기는 점점 굵어졌는데 모인 사람들 대부분이 우산도 없이 비를 맞았습니다. 빗물이 줄줄 흘러내리는 안경을 맨손으로 닦는 모습도 보였습니다.

이재명 후보는 무대 위에서 깊이 고개를 숙였습니다.
"여러분께 정말 죄송합니다. 저는 천막 아래 있어서 비를 맞지 않고 있지만, 여러분은 이 비를 온몸으로 맞으면서 저를 기다렸습니다. 그 진심을 제가 절대 잊지 않겠습니다."
그는 진심을 담아 큰절을 올렸습니다.

왜 그 수많은 사람이 비를 맞으며 자리를 지켰을까요? 그것은 변화에 대한 절박함 때문이었을 겁니다.

대통령이 되는 여정은 단순한 승부가 아니라, 무수한 간절함을 통과하는 과정입니다. 그날 순천에서의 장면은 여느 날의 유세와 달랐습니다. 비를 맞으며 자리를 지키던 시민들의 간절한 마음이 고스란히 후보에게 전해졌고, 그는 그것을 외면하지 않았습니다. 오히려 깊이 새기고, 몸을

낮춰 응답했습니다.

 정치인은 수많은 말과 약속을 하지만, 결국 중요한 것은 '누구의 마음을 가슴에 품고 있는가'라고 생각합니다. 간절함을 본 사람은, 결코 무심할 수 없습니다. 그 마음을 기억하는 지도자는, 방향을 잃지 않습니다.
 순천에서의 빗속 유세는 이재명에게 '좋은 대통령이 되는데 필요한 자격'을 증명해 준 역사적 순간이었습니다.

 둘. 인사를 통해 드러난 성공의 의지

 이재명 대통령의 또 다른 강점은 '자기와 다른 생각을 하는 사람들을 곁에 두는 용기'입니다. 당대표나 대통령은 막강한 권한을 가진 자리인 만큼, 주변이 온통 '편한 사람'들로만 채워지면 독선에 빠지기 쉽습니다. 이재명 대통령은 이 위험을 누구보다 잘 알고 있었고, 이를 스스로 통제하려고 일부러 '협력적 견제자'들을 가까이 둡니다.

예전부터 이재명의 주변에는 항상 쓴소리 전담인 레드팀이 있었습니다. 때로는 저 역시 그 역할을 했지요. 단순히 친분 있는 사람들만을 참모로 기용하지 않고, 쓴소리를 마다하지 않는 인물, 자신과 다른 시각을 가진 사람들을 중용하는 태도가 인사 전반에 묻어있습니다.

이번 대통령실 인사에서 강훈식 비서실장, 우상호 정무수석을 기용한 의도가 그렇다고 봅니다. 당에서도 '금투세 논쟁' 당시 반대 의견을 가졌던 진성준 정책위 의장을 오히려 격려했고, 당대표 출마에 대해 정무적 판단을 달리했던 김영진 의원에게 중요한 판단을 매번 구하는 태도를 견지했던 것처럼 앞으로도 이재명 대통령은 그러할 것입니다.

또한 전 정부의 장관이거나 고위 공무원이라도 능력 있고 이재명 정부 기조에 동의하면 등용하겠다는 포용적이고 실용적인 인사정책이 공직사회에 안정감과 동기부여를 가져올 것입니다.

이는 무엇보다 성공한 대통령이 되겠다는 강한 의지의 표현이라고 저는 생각합니다.

셋. 위기에 강한 이재명

최근 언론을 통해 공개된 국무회의 장면에는 많은 메시지가 담겨 있습니다.

이재명 대통령이 회의를 주재하는 그 자리에, 윤석열 정부 시절 임명된 내각 인사들이 한자리에 앉아 있습니다. 인수위 없이 출범한 정부가 직면할 수밖에 없는 위기 상황입니다.

정치적으로 날을 세워왔던 이들과 마주 앉아 국정을 논의해야 하는 자리이기에 한눈에 봐도 어색하고 불편해 보이지만 대통령은 그 자리를 피하지 않았습니다. 담담하게 회의를 시작했고, 복잡한 공무 보고에도 차분히 귀 기울였습니다. 때로는 질문했고, 준비 부족이나 부실한 보고가 드러난 부처에는 단호히 지적했습니다. 누구도 쉽게 흉내 낼 수 없는 강한 내면, 그리고 위기 속에서 중심을 잡는 단단한 리더십을 느낀 건 저뿐만이 아니었을 것입니다.

이재명 대통령은 정치 입문 이후 단 한 번도 순탄한 길을 걸은 적이 없습니다.

   선거법 위반 재판으로 피선거권을 잃을 뻔했고, 국회의 체포동의안 표결이라는 정치적 벼랑 끝에서도 두 차례나 위기를 넘겼습니다. 급기야 테러로 생명을 위협받는 상황까지 마주했지만, 기적적으로 회복한 후 오히려 "증오와 분열의 정치를 끝내겠습니다"라는 메시지로 국민 앞에 섰습니다.

그리고 2024년 12월 3일.

   윤석열 전 대통령이 기습적으로 비상계엄을 선포하며 대한민국 민주주의를 뒤흔든 순간, 이재명은 국회 본회의장을 지켜준 시민들과 함께 계엄 해제 결의안 통과를 끌어냈고, 결국 윤석열은 새벽에 계엄을 해제했습니다.

   이재명은 위기 속에서도 책임을 다하며 길을 찾아온 정치인입니다.

   그는 정치적으로 수많은 공격을 받았지만 끝내 무너지지 않았고, 국민이 원하는 방향으로 나아가는 법을 배워왔습니다. 타협할 줄 알지만, 원칙은 지켰고, 외압 앞에서 멈추지 않았으며, 국민 앞에서 늘 책임지려 했습니다.

이제 국민은 그에게 갈라진 사회의 통합, 경제 위기의 극복 그리고 국민주권 정부를 기대하고 있습니다.

그에게 주어진 과제는 크고 무겁지만, 저는 믿습니다. 이재명 대통령에게는 국민의 절박한 마음을 읽는 공감 능력, 치우침을 경계하고 비판을 수용하는 균형 감각, 국민을 믿고 위기를 돌파하는 용기와 리더십이 있습니다.

이것이, 제가 이재명 대통령의 성공을 확신하는 이유입니다.

제21대 대통령 선거 마지막 서울 수도권 집중 유세(2025. 6. 2)
대선을 하루 앞두고 서울과 수도권에서 집중 유세를 진행했다. 이날 오전 이재명 후보는 서울 강북구 '북서울 꿈의 숲 서문광장' 유세를 시작으로 경기도 하남·성남·광명을 거쳐 서울 강서구로 이어지는 강행군을 펼쳤다. 마지막 유세는 여의도 광장에서 마무리했다. 마지막 유세 연설에서 이 후보는 유권자들에게 "내일 6월 3일은 투표로 내란을 완전히 종식하는 날"이라며 '빛의 혁명'을 완수해달라고 호소했다.

| 스물하나 |

이재명의 숙명

'지금은 이재명', 이번 대통령 선거의 대표 슬로건이었습니다.

'내란을 종식하고 대한민국이 처한 위기를 극복할 적임자는 바로 이재명'이라는 의미를 압축한 표현이었습니다.

선거운동을 할 때 수도 없이 '지금은 이재명'이라고 외치며 지지를 호소했습니다. 그러면서 이재명이 대통령이 되는 것은 피할 수 없는 운명과도 같은 것이라고 생각했습니다. 그래서 저에게 '지금은 이재명'의 다른 의미는 '이재명의 숙명'입니다.

대통령 선거 당선자로 확정이 된 직후부터 모든 국민이 언론을 통해 목격했듯이 이재명은 이미 대통령을 하고 있었던 것처럼 능숙하게 국정을 이끌어가고 있습니다. 마치 초스피드로 질주하지만 안정감 있게 달리는 자동차처럼 말이지요. 그만큼 충분히 준비된 대통령이었기 때문입니다. 취임 첫날, 축하 만찬은 생략한 채 이재명 대통령은 곧바로 '비상경제점검 TF' 구성을 행정명령으로 발동하고 그날 저녁 첫 회의를 소집했습니다.

그 모습을 보면서 많은 국민들이 즐거워하고 든든한 마음을 갖고 있습니다. 지지자들은 물론이고 '이재명 대통령'에 대해 불안한 마음을 가졌던 분들도 지지를 보내고 있습니다.

저는 민주당 전략기획위원장으로서 대통령 선거 전략을 수립하기 위해 많은 조사와 인터뷰를 진행하였고 보고서를 검토했습니다. 그 결과를 종합해 볼 때 이재명 대통령은 역대 진보 대통령과는 다른 유형의 리더십으로 국민들은 인식하고 있다는 것을 알 수 있었습니다.

이전의 진보 대통령에 대해 국민들은 서민, 소탈, 통합, 소통, 신뢰감 등의 정서적 속성으로 많이 인식하고 있습니다. 그러나 이재명 대통령에 대한 국민들의 인식은 결이 다릅니다. 일을 잘하는, 경제와 민생을 살리는, 문제를 해결하는, 성과를 창출하는, 추진력 같은 기능적 속성에 대한 것이 많이 나타납니다.

내란으로 위기에 처한 대한민국에서 이재명에 대한 이러한 인식은 자연스럽게 이재명 대통령에 대한 높은 기대감으로 이어지고 있습니다. 이런 기대감을 바탕으로 국민들은 이재명은 '위기에 강한', '문제 해결 능력이 있는', '성과를 창출하는' 대통령이어야 한다고 규정하게 될 것입니다. 아니 많은 국민들이 이미 그렇게 생각하고 있습니다.

그래서 이재명 대통령에 대한 국정 지지율은 이러한 기대감들이 얼마나 충족되는가에 따라 영향을 받게 될 것입니다. 실제로 7월 둘째 주 갤럽 여론조사에서 이재명 대통령에 대한 긍정 평가 이유를 주관식으로 물어봤을 때 응답률이 높은 것을 보면, '경제·민생', '추진력·실행력·속도감', '소통', '전반적으로 잘한다', '직무능력·유능함' 등으로 나타나고 있습니다.

선거기간 동안 이재명 후보는 "성남시장 시절 열심히 일해 성과를 만들고 시민들에게 칭찬을 받을 때가 가장 행복했습니다."라는 말을 여러 번 했습니다. 스스로 '성과주의자'로 칭하기도 했지요. 이재명 대통령은 그만큼 일의 성과를 만드는 데 진심이고, 성과를 만드는 데 도움이 되지 않는 일은 하지 않을 사람입니다.

'일을 열심히 하고 성과를 만들어내는 대통령'이라는 기대는 이재명 대통령의 속성과 경험과 강점을 그대로 반영합니다. 동시에 내란과 경제 위기, 민생 위기, 통상 위기를 겪고 있는 대한민국의 절박한 현실에도 딱 들어맞는 시대적 요구이기도 합니다.

지난 6개월 내란이라는 어둡고 긴 터널을 뚫고 지나왔지만 여전히 불안한 삶을 살고 있는 대한민국 국민은 이재명 대통령이 위기를 극복하고, 문제를 해결하며, 성과를 만들어내는 대통령이 되어주길 간절하게 기대하고 있습니다.

마치 매번 성적 장학금을 받지 않으면 학교를 다닐 수 없는 학생처럼, 이재명 대통령은 열심히 일하고 그 성과를 창출해서 매번 국민에게 입증해야 하는 절박한 숙명을 타고난 대통령이라고 할 수 있습니다. 본인에게는 가혹하고 고통스러운 요구이지만 스스로 국민의 도구가 되겠다고 선언한 것을 보면 이재명 대통령도 이미 그 숙명을 받아들이고 계신 것 같습니다.

제21대 대통령 취임선서(2025. 6. 4)
위대한 대한국민을 위한 '진짜 대한민국'의 여정이 시작되었다. 성과주의자답게 이재명 대통령은 결과로 평가받아야 하는 숙명을 짊어졌다. 대통령은 임기 첫날부터 마치 이미 대통령을 하고 있었던 사람처럼 능숙하게 국정을 이끌어갔다. 과연 이재명다웠다. 성과를 내야 하는 숙명을 타고난 사람, 그리고 증명해온 사람, 이것이 국민들이 이재명을 대통령으로 선택하고 인정한 이유가 아닐까.

에필로그

시련은 사람을 어떻게 성장시키는가

"상처는 인간에게 빛이 들어오는 통로다"

- 잘랄레딘 모하마드 루미, 페르시아 시인

인간은 매일 성장하지만은 않습니다. 삶은 어쩌면 우리가 걸어가야 할 끝없이 펼쳐진 길과 같은 것일지 모릅니다. 예상하지 못한 가시밭길을 만나서 수없이 찔리고 넘어지며 다시 일어서기를 반복하는 삶. 그 길을 통해 인간은 자신의 길을 만들어 나갑니다. 때때로 길 위에서 만난 고난은 견딜 수 없는 고통으로 다가옵니다. 그러나 우리는 그 시련의 끝에서 이전과 확연히 달라진 자신을 발견하곤 합니다.

　대한민국 대통령 이재명의 삶이 바로 그러했습니다. 그는 어린 시절 가난과 장애를 겪었고, 사회생활을 하면서도 두 번의 자살시도를 할 만큼 모진 시련을 견뎌야 하는 삶을 살았습니다. 정치에 입문하고도 마찬가지였습니다. 이재명이라는 이름 뒤에는 온갖 중상과 음해, 비난과 핍박이 뒤따랐습니다. 그럼에도 이재명은 스스로를 단련하고 끝없이 수련하면서 깊고 단단한 정치인으로 성장했습니다.

　"나를 죽이지 못하는 고통은 나를 더 강하게 만든다"고 한 프리드리히 니체의 말은 마치 이재명을 두고 한 말처럼 들립니다. 이재명의 삶을 통해 우리는 인간이 시련을 어떻게 받아들여야 하는지, 시련이 한 사람을 어떻게 성장시키는지 성찰할 수 있습니다.

가난, 피땀, 눈물이 만들어낸 역경과 극복의 서사

이재명은 1963년 경상북도 안동군 예안면 도촌동의 가난한 집안에서 태어났습니다. 아홉 식구가 살던 집은 산에서 내쫓은 화전민들 거처로 날림 소개집이었습니다. 버스도 들어오지 않는 마을이라서 이재명은 6년 동안 산길 들길을 걸어 어렵사리 초등학교를 졸업했습니다.

집안 사정은 나아지지 않았습니다. 어려운 살림으로 인해 성남시의 달동네로 이주하게 되었습니다. 성남에서의 삶은 어떻게든 살아남아야 하는 생존투쟁 그 자체였습니다. 또래들이 가방을 메고 학교를 다닐 때 이재명은 공장에서 일하는 소년공이 되었습니다.

그가 주로 다녔던 공장은 염산과 황동을 다루는 목걸이 공장, 붕산으로 땜을 하는 공장, 고무벨트, 프레스 등을 다루는 소년이 다니기에는 위험한 공장이었습니다. 공장에 다니는 동안 왼손에는 고무가 박히고, 몸은 함석에 찔렸으며, 왼쪽 손목 관절이 프레스에 눌려 부서지기도 했습니다.

지금도 이재명의 팔이 굽은 이유입니다. 그는 팔이 굽어 군대에도 갈 수 없었습니다.

이재명은 소년공으로 공장 노동을 하면서도 공부를 병행하는 고된 삶을 이어갔습니다. 고입·대입 검정고시에 합격한 뒤 독학으로 중앙대학교 법학과에 생활비까지 지원받는 장학생으로 입학했습니다. 1986년 대학을 졸업한 후 같은 해 사법시험에 합격한 이재명은 판·검사 임용을 거부하고 곧바로 성남으로 돌아와 인권변호사로 활동했습니다. 나아가 성남시립병원 설립을 주도하는 등 시민운동을 전개했습니다.

말이 아닌 실천과 실적, 성과로 증명해 온 삶

이재명은 2010년 성남시장에 당선되었고 재선되었습니다. 이재명은 파산 직전이었던 성남시 부채 5,200억 원을 갚고, 성남을 살기 좋은 복지도시로 만들었습니다. 열린시장실을 운영하며 부정부패를 척결했고, 민원시스템 혁신 등으로 공직사회를 투명하고 일하는 조직으로 변모시켰습니다. 지역화폐를 확대하고, 재난지원금과 청년배당을 지급했으며, 무상교복·무상산후조리·무상과일 지급 등 무상복지 정책으로 시민 혈세를 다시 시민에게 돌려주었습니다.

이재명은 실천과 성과로 증명했습니다. 경기도지사 때도 3년 만에 경기도 빚 1조 5,000억 원을 줄였습니다. 코로나19로 지역경제가 어려울 때 전 도민에게 25만원을 지급해 골목경제와 지역경제에 숨통을 틔우기도 했습니다. 이재명 도지사 시절 경기도 성장률은 9.6%로 전국 평균의 두 배에 달했고, 도정만족도는 1위를 기록하는 기염을 토했습니다.

성남시장과 경기도지사 12년 동안 이재명의 평균 공약 이행률은 95%에 달했습니다. 청년배당, 무상교복, 지역화폐, 재난지원금 등 이재명이 실행했던 이재명식 사업들은 이후 다른 시·도의 정책으로 이어지기도 했습니다.

2022년과 24년 이재명은 더불어민주당 대표 선거에서 연이어 승리함으로써 당대표 연임에 성공했습니다. 이재명은 당대표로 재임하면서 계보, 계파 정치를 일소하고 당원이 당의 주인이 되는 당원주권정당의 면모를 확립시켰고, 이념을 뛰어넘고 경제 민생정책을 중요시하는 실용주의 정책정당 민주당을 만들었다는 평가를 받았습니다. 이는 곧 민주당에 대한 국민적 지지로 이어졌습니다.

강철은 때릴수록 더 단단해진다

2024년 1월에는 암살 테러범에 의해 피습을 당해 자칫 목숨을 잃을뻔한 위험한 상황에 처하기도 했습니다. 같은 해 12월 3일에는 윤석열에 의한 불법비상계엄 사태로 또 한 번 목숨이 위태로운 상황에 몰릴 뻔하기도 했습니다. 이재명은 윤석열 정권 아래 3년 동안 검찰 소환 7회, 압수수색 376회, 검찰 기소 6번, 재판 회부 5건이라는 사상 유례없는 야당대표 '이재명 죽이기'에도 꿋꿋하게 버텨냈습니다.

21대 대선 과정에서도 숱한 마타도어와 정치 공세에 시달렸습니다. 그러나 이재명은 결코 물러서지 않았습니다. 오히려 더 강한 메시지와 함께 경청, 포용, 통합의 행보를 보이며 국민과의 소통을 이어갔습니다. 시련은 그를 더욱 견고하고 단단하게 만들었고, 유연하지만 흔들림 없는 지도자로 성장시켰습니다. 이재명은 이제 평범한 정치인이 아닌, 비범한 지도자, 함께 성장하고 싶고, 기대고 싶은 깊고 단단한 정치인으로 거듭났습니다.

외로운 고아에서 전설적인 왕이 된 영화 〈라이온 킹〉의 심바처럼, 차별과 편견을 이겨내고 마침내 백조가 되어 훨훨 날아오른 〈미운 오리새끼〉처럼 이재명 또한 가난한 소년공과 변방의 정치인에서 대한민국의 리더로 거듭나게 됩니다. 그의 삶은 역경 속에서 더욱 빛나는 용기와 지혜를 보여주며, 절망 속에서도 희망을 찾아 나가는 진정한 리더의 모습을 상징합니다.

고난과 시련의 시간을 견딘 정치인 이재명은 2017년 더

불어민주당 대선 경선 도전 이후 8년 만인 2025년 대한민국 대통령이 됩니다. 마침내 질곡의 삶을 뒤로하고, 파란만장한 정치인생의 최정점에서 2025년 6월 4일 대한민국 제21대 대통령으로 취임했습니다.

순탄치 않았던 이재명의 인생은, 그저 그런 성공담이 아닙니다. 어떤 특권도, 배경도, 후견인도 없었던 이재명. 그는 그의 삶을 어떻게 견디고 이겨내려 했는지를 행동으로 증명해 내고, 직관으로 보여주었습니다. 그의 삶은 고통이 삶의 방해물이 아니라 더 높고 멀리 나아가기 위한 '동력'이라는 것을 증명해 주었습니다. 힘든 순간들을 발판 삼아 이재명 자신만의 서사를 완성했고, 그것은 정치와 정책의 흔들리지 않는 뿌리가 되었습니다.

역경 속에서 자란 공감 능력과 실천의 리더십

역경을 뚫고 일어선 정치인 이재명은 말로만 외치지 않았습니다. 실천했고 증명했습니다. '이재명은 합니다'라는 말은 그저 나온 말이 아니었습니다. 이런 이재명을 가능하게 했던 것은 무엇보다 그가 서민의 고통을 말이 아닌 몸으로 직접 경험했기 때문입니다. 그는 누구보다 더 가난했고, 누구보다 더 가난에서 벗어나고자 몸부림쳤습니다. 늘 낮은 곳에 있었기에, 그는 그와 같은 사람들이 다시는 자신처럼 아프지 않기를 바라며 경험과 진심이 담긴 정치를 펼쳤습니다. 그가 강조한 기본소득제나 무상복지 정책들은 선심성 포퓰리즘이 아닌, 자신이 겪은 결핍과 고통을 통해 탄생한, '살아있는 정책', '진심의 제안'이었습니다.

이재명은 말합니다. "정치는 결국 사람의 마음을 얻는 일입니다.", "정치는 결국 국민이 합니다." 이재명이 대중과 신뢰가 두터운 이유는 그의 메시지가 '기획된 언어'가 아니라 '삶에서 겪은 체험에서 우러난 진심'이기 때문입니다. 시련은 그에게 말의 무게를 가져다주었고, 공감의 깊이를 안겨주었습니다.

'소년공 이재명'에서 '대통령 이재명'으로

이재명의 삶은 불처럼 뜨거웠습니다. 여전히 그 뜨거운

길을 걷고 있지만, 그 모든 고통의 과정이 그를 깨뜨리지 않고 더욱 단련시켰습니다. 그 시련이 '용감하게 경험하며 차갑게 행동하는 정치인'으로 만들었고, 그것은 그에게 가장 강력한 무기가 되었습니다.

이재명의 삶을 들여다보면, 고통이 단지 고통에서 끝나는 것이 아니라, 인간을 더욱 깊고 단단하게 만드는 빛의 통로라는 것을 깨닫게 됩니다. 그는 고난 속에서도 희망을 잃지 않았고, 상처 속에서도 절망하지 않았습니다.

"어둠이 짙을수록 빛은 더욱 선명하게 다가온다" 누군가는 말했습니다. 시련은 우리 삶을 무너뜨리지 않고, 오히려 새롭게 회복시키고 성장시킵니다. 나아가 이런 연속된 시련 끝에 '나'를 넘어 '너'와 '우리' 사회를 변화시키는 힘이 만들어집니다. 가난한 '소년공 이재명'을 '대통령 이재명'으로 성장시킨 그 힘처럼.

자, 이제, 지금은 대통령 이재명의 시간입니다. 대한민국 국민의 시련을 어떻게 체화해서 대한민국을 회복시키고 성장시킬지, 대통령의 시간 속으로 함께 걸어갑시다.